# 怪談の仕掛け

伊藤龍平

ITO Ryohei

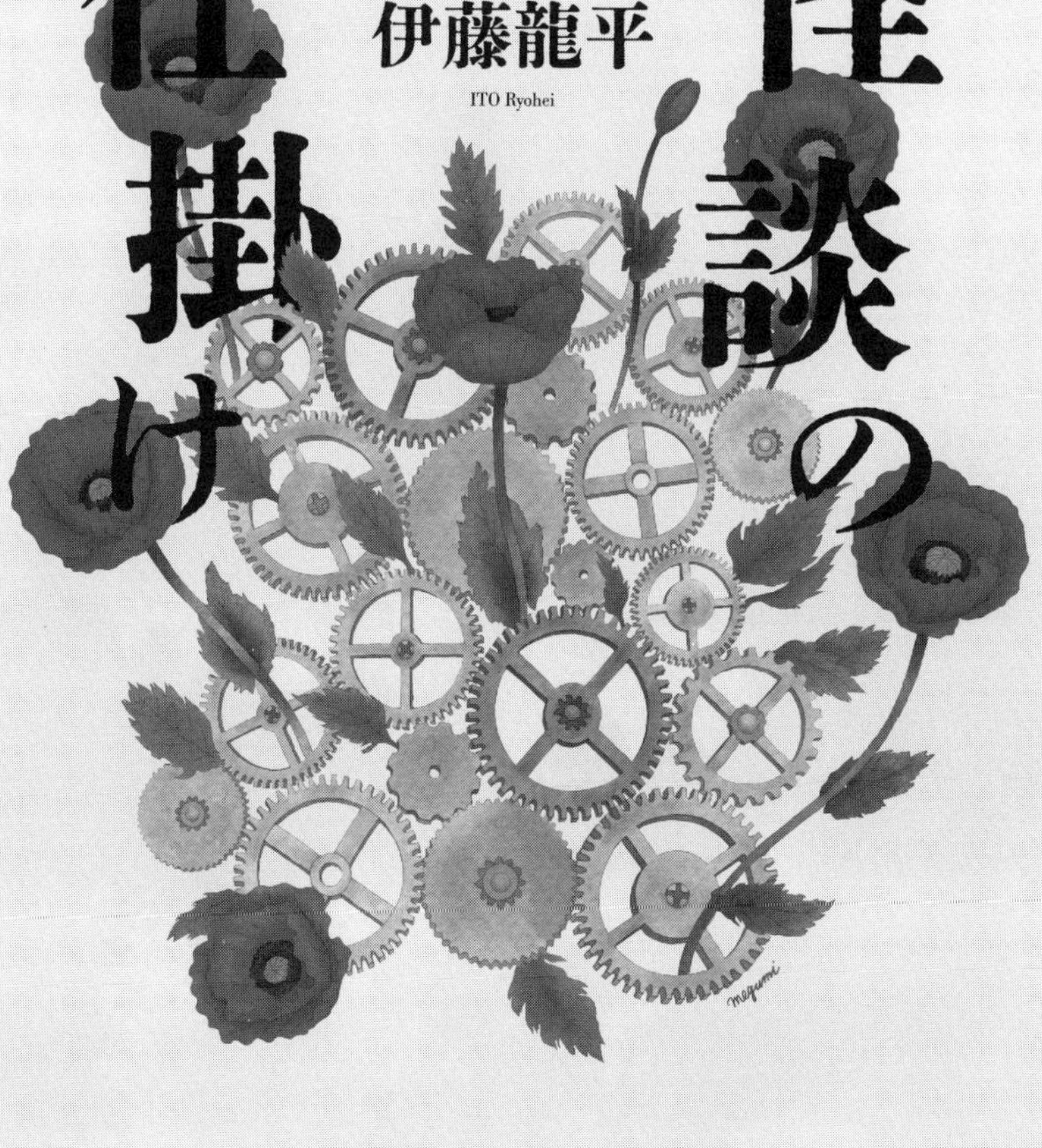

青弓社

怪談の仕掛け　目次

装画――わたべめぐみ
装丁――ナカグログラフ［黒瀬章夫］

# 序章　怪談とは何か

## 1　怪談を語る／怪談を話す

世間では、何度目かの怪談ブームだそうである。夏場に怪談の関連書籍や番組が増えるのは昔からだが、都市部でのトークイベントやインターネットでの動画配信が盛んになったのは近年の特徴だろう。現在の怪談ブームの一つの傾向としては、伝統的な怪談——例えば「四谷怪談」や「皿屋敷」など——よりも、いわゆる実話怪談（怪談実話とも）のほうが幅を利かせるようになっていることが挙げられる。(1) 人気の実話怪談の怪談師にはプロ・セミプロ・アマチュアの層があり、多くのスターが生まれてきた。実話怪談師たちには、それぞれに特有の「声」があり、それがこのジャンルを支えている。昨今の怪談ブームを「声」の復権として捉えてみたい。

怪談研究は文芸作品を扱うという傾向が強く、文学研究の一角を占めてきた。とくに、近世（江戸時代）の怪談集の研究は一つのジャンルとして花開き、魅力的な成果を出し続けている。一方で、声の文化としての怪談の研究はさほど進んではいない。私も江戸の怪談文化を愛する者の一人だが、本書では声の文化としての、つまりは口承文芸研究に軸足を置いて怪談の考察をしてみたい。もっとも、必ずしも口承資料だけを対象にするという意味ではない。口承文芸研究の発想や方法によって怪談についてあれこれと考えてみたいのである。

まず考えてみたいのは、怪談は「語る」と言うか「話す」と言うか、という点である。手元の辞典（鎌田正／米山寅太郎『新版 漢語林』大修館書店、一九九四年）では「談」の字義として「かたる」と「はなす」を併記しているが、両者は性質が大きく違うものである。

経験的にもわかることだが、「語る」と「話す」には明確な区別がある。「語る」は声を発する以前に、頭のなかにすでに相手に伝えるべき、まとまった内容がある場合に用いる。それに対して「話す」はもっと広く、まとまった内容がない場合にも使用できる。そして「話す」が「喋る」に近いことは、その起源や方言の分布からわかる。(2) また、「語る」は「話す」に比べて形式性が強い。加えて「語り物」という文芸ジャンルの様態から明らかなように、「語る」には韻律を伴うことがあり、ときにそれは旋律になり、しばしば楽器も用いられる。「語る」は「詠む」「誦える」「歌う」という語に通じる。

つまり「怪談を語る」といった場合、そこで語られる怪談はすでにできあがったものとしてあり、聞き手が参与できる余地は少ない。落語や講談などのプロによる怪談がそれで、あえていうならモノローグに近い。一方、「怪談を話す」といった場合、そこで話される怪談には比較的、聞き手が参与しやすい。動画サイト上には複数人で怪談をする形式のコンテンツがあるが、あれこそが話す怪談の典型例で、ダイアローグに近いといえるだろう。

語られる怪談も魅力的だし、本書でも若干ふれるが、私が興味を引かれるのは話される怪談のほうである。思うに、怪談は語られたときよりも、話されたときのほうが怖いのではないだろうか。だから、織豊時代（十六世紀後半、織田・豊臣政権期）から江戸時代初期にかけての怪談文化を支えたのが御伽衆（大名の話し相手をする役目の人）だったのである。

この点について考えるうえで示唆に富むのが、高木史人の怪談論である。高木は、柳田國男・折口信夫・今野圓輔らの怪談研究を概観したうえで、「「怪談」は、怪異・妖怪・幽霊などそのモノのコトではなく、それらのモノやコトがコトバに紡ぎ出される過程すなわち言説の織り成される動態である」(3)と捉える。この「動態」の渦中にいる怪談の話し手と聞き手の関係性に本書では迫っていきたい。

## 2　話し手と聞き手の共犯関係

あらためて考えてみよう。そもそも「怪談」とは何だろうか。

幽霊・妖怪の類いが出てくればそれで怪談なのか。怪異現象が描かれていればそれで怪談になるのか。聞いて、あるいは読んで怖ければそれで怪談と呼べるのか。日本文学史をひもとけば、幽霊・妖怪の類いが出てくる話、怪異現象について記した話、読んで怖くなる話が載っている書物はいくらでもある。それらの話はみな、怪談といえるのか。

私は、怪談とは怖がらせたい話し手と怖がりたい聞き手の双方の意思の交点に生じる文芸だと思っている。ここでの文芸とは言語芸術、すなわち、異化された言葉の束ぐらいの意味に受け取っていただきたい。(4) 怪談を話すとき、その話し方は日常会話の口調とは異なるトーンになっているはずだ。いまは口承説話の場合を想定して「話し手」「聞き手」と書いたが、書承説話なら「書き手」と「読み手」、電承説話《ネットロア》なら「送り手」と「受け手」になる。書承の場合でも電承の場合でも、怪談の言葉遣いは日常会話のそれとは異なっている。その言葉遣いは、怖がらせたい相手(聞き手・読み手・受け手)がいるからこそ発生するものだ。

例えば、学生から「『四谷怪談』ってどんな話ですか?」と聞かれたとしよう。その問いに私が答えて、「むかし、お岩さんっていう人がいてね……」と説明したとき、それは怪談をしたことになるのだろうか。答えは、否である。私と学生のあいだに「怖がらせたい/怖がりたい」という意思の交感がない以上、この文脈でどのような言葉が紡がれたとしても、それを怪談とは呼べない。怪談の説明は怪談にならないのだ。しかし、学生に怖がりたいという意思があって「『四谷怪談』ってどんな話ですか?」と質問し、私がその意思に応えて怖がらせようとして話したなら、それは怪談になる。

話し手の怖がらせたいという意思が、目的ではなく手段である場合もある。伝承文学には仏教説話というジャンルがある。仏教の功徳を説く話のことで、かつては寺院の説教の場で、信徒たちを相手に僧侶が語っていた。昔話化・伝説化した話も多い（「猫檀家」「笠地蔵」「子育て幽霊」など[5]）。仏教説話には、僧侶の法力によって幽霊が成仏したり、妖怪が調伏させられたりする話が多く、唱導のための方便であるものの、説教僧には聞き手を怖がらせたいという意思がある。江戸時代後期の仏教説話は半ば娯楽化していたので、聞き手にも怖がりたいという意思があっただろう。最終的な目的が御仏の慈悲を説くことだったとしても、そこに怖がらせたい／怖がりたいという二人以上の人間がいるのなら、そこでなされる話は怪談と呼ぶべきである。

だから「仏教説話集『日本霊異記』に載る幽霊の話は怪談なのか」という問いに対しては、「その説話の受容状況によっては怪談だったかもしれない」としか答えられない。『日本霊異記』（八二二年ごろ）に載る、悪事の報いで業火（地獄の火）に焼かれる人の話が説教の場で語られたとき、右に述べたような意味で怪談だった可能性はある。しかし、師匠から弟子へとこの話が伝えられたとき、あるいは、この話が書写されたときには、それは怪談ではなかった。現代の読者を想定すると、『日本霊異記』の説話を大学の講義で聴いたときには怪談ではないが、それが怪談として紹介され、怖がろうとして読者がその記事を読んだときには、その話は怪談になるのである。

## 3　怪談と怪異

つまり怪談とは、内容によって定義されるものではないということである。だから書名に「怪談」という語を含む本書に、怪談は一つも載っていない。私に読者を怖がらせようという意思がないからだ。あるのは、怪談になりうる話だけである。

したがって、怪異現象について話したとしても、それが怪談になるとはかぎらない。例えば、世の中には幽霊が見えるという人がいるが、彼女ら／彼らの話が怪談になるとはかぎらないのだ。見える人にとっての幽霊は日常の一部であり、他者に話すときにも怖がらせようという意図がない場合が多いからである。むろん、幽霊が見える人が相手を怖がらせようとする場合もあり、そのときの言説は怪談になる。ポイントになるのは、あくまでも両者の意思である。

話し手に怖がらせようという意思があっても、聞き手が怖がらないケースもある。怖がらない理由は二つある。一つは、話し手の技量が足りなかった場合、もう一つは、聞き手に怖がろうという意思がなかった場合である。前者の場合は、双方の怖がらせたい／怖がりたいという意思はあるので、怪談としては成立している。怪談ではあるが、怖くない。つまりは、失敗した怪談だ。一方、後者の場合は、聞き手がちゃかしたり、遮ったりして話の場を壊してしまうので、怪談としては成立していない。

より厳密に考えると、怖がりたい意思のある聞き手が、ポーズとして話の内容を否定することもあり、その場合、怪談は成立している。怪談を聞き終えたあとに、聞き手が「おいおい、やめてくれよ……」と笑いながら話のなかの怪異を否定するのはよくある振る舞いである（ただし、話の途中でちゃかしたり遮ったりした場合、怪談は成立しない）。怪談の成立／不成立は、表面的な言説だけではなく、話の場全体から判断する必要がある。

話し手に怖がらせようという意思がないのに、聞き手が勝手に怖がる、これもありうることである。笑いのツボが人それぞれ異なるように、恐怖のツボも人によって違う。例えば、以前、私が泊まったホテルの部屋のシャワーの水が、夜中に何度閉めても再び出るという経験をしたことがある。私が笑い話としてこの経験を話したところ、聞き手の学生は心霊現象として受け止め、ひどく怖がった。こういうケースは双方の意思の交感がないので怪談とは認められない(6)。

先に「怪談とは、内容によって定義されるものではない」と書いたが、若干の補足が必要である。たとえ怖がらせたい／怖がりたいという意思があったとしても、話の内容が怪異——ひとまず「人に負の感情を抱かせる超常的な現象」とでもしておこう——に関わるものでなければ、それは「怪談」とは呼びがたい。例えば、殺人事件や人身事故、自然災害、重病などの話は、どんなに怖くても怪談とはいえない。もっとも、人の心の闇を描くタイプの話（最近では「人怖《ひとこわ》」と呼ばれるジャンル）が怪談と呼ばれる場合はある(7)。

あらためて怪談を定義すると、「怖がらせたい語り手と、怖がりたい聞き手の二人以上の人間がいて、その内容がおおむね怪異現象に関わる話」ということになる。

ここで怪異が動態的な概念である点には注意しておきたい。何を怪異と捉えるかは、時代差・地域差・文化差・性差・年齢差・階層差などによって異なるし、同一人物であってもそのときどきの気持ちによって変化する。最大公約数的に時代ごとの怪異概念を押さえることは可能だが、厳密な意味での定義はできない。例えば先に書いた私の体験（水道の異常）を怪異現象として普遍化はできないのだ。恐怖とは状況依存的な感情なのであり、その感情の揺れとともに、ある事象が怪異か否かが決定づけられる。(8)

## 4　話の場の権力と、仕掛けがある話

怪談の場では、聞き手に対して、理想的な振る舞いが暗黙のうちに求められる。このルールを聞き手が破ったとき——例えば、話の腰を折るような冷やかしを入れるなどしたとき——たちまちにして怪談の場は失われ、おそらく修復できないだろう。とくに落語や講談のような、話し手が複数の聞き手を相手にしている怪談の場は、一人の不心得者も許されない危うい一線をもって維持されている。怪談の場での振る舞いが顕著に現れているのが、江戸後期から明治大正期に流行した怪談会で、昨今流行の怪談イベントもその流れのなかにある。

聞き手が話し手に支配される関係（見方によっては、その逆ともとれる）、すなわち、怪談の場には権力が生じているのだ。怪談が潜在的にもっているこの権力性とそれを発動させる構図を、ここ

では仮に「仕掛け」と呼ぶことにする。

怪談の場の権力は、話し手が最初の一言を発した瞬間に生じる。例えば、キャンプの夜、焚き火を見ながら馬鹿話をしていた友人が、ふと声を潜めて「そういえば聞いた話なんだけどねぇ、この先のトンネルで、むかし……」と話しだしたとき、声のトーンや表情の変化、身ぶりなどから、友人たちは、彼がこれから怪談を話そうとしていることを瞬時に悟る。そして、聞き手が話し手の企みに乗ったとき、そこに怪談の場は生じる。以降、話が終結するまで、聞き手は話し手の仕掛けにからめとられ、話し手は自身が仕掛けた言葉によって聞き手にからめとられる。怪談の場での話し手と聞き手の共犯関係は、こうして成り立つものである。もう一度書くが、ここで発揮される権力とは怪談という形式自体に内在するものであって、人間関係にはあまり影響されない。例えば、語り手が幼児で聞き手が大人だったとしても、怪談の場が形成されたとたん、そこには権力が生じる。(9)

こうした仕掛けがある話は、何も怪談だけではない。笑い話、美談、佳話、哀話、悲話、猥談、秘話、内緒話、逸話、よもやま話、自慢話、ほら話、冒険譚、裏話……などの「――話」「――談」「――譚」には、いずれも話し手が聞き手に特定の振る舞いを促させる仕掛けが施されている。話し手が笑い話・猥談を始めたときにはおかしみを、美談・佳話を始めたときには感動を、哀話・悲話を始めたときには悲しみを抱かせるような仕掛けがあり、聞き手はそれにふさわしい反応を示すことを暗に要求される。

広く捉えると、こうした仕掛けはハナシの場全般にみられるものだが、そのなかでも、右に列挙したような特定の振る舞いを促させる話を、本書では「仕掛けがある話」と呼ぶことにする。通常、日常会話では話す／聞く行為は意識されない。日常会話で用いられる言葉を「透明な言葉」と呼ぶならば、仕掛けがある話は、話す／聞く行為が意識され、目的化された「不透明な言葉」で話される。言葉の明度はその言説が説話であるか否かの選別基準になる。ここでは口承説話を想定して書いているが、書承説話、電承説話でも、話の場の権力と、それを実行させる仕掛けは同様に発動される。

本書はタイトルに「怪談」と銘打ってはいるものの、怪談そのものは扱わない。悲話、笑い話、猥談、落語、童話、ネットロア、予言譚、実話……などの仕掛けがある話や、それを含む話のジャンルに揺曳する怪談的な要素を拾っていくことによって、怪談とは何かを考えてみたい。いささかアクロバティックな試みにはなるが、こんな怪談考察本があってもいいと思う。

注

(1) ここでいう「伝統的な怪談」というのは、近世後期から近代にかけて成立した話を指す。和食が典型例だが、伝統的とされる文化が確立されたのは比較的最近のことが多く、「怪談」もその例に漏れない。

(2) 柳田國男は「カタル」という語が古く、「ハナス」という語が新しいこと、「ハナス」という語が登場する以前は「シャベル」という語が広く使われていたことを指摘し、方言にその痕跡があるとしている。山田厳子によると、この柳田の仮説は、その後の国語学の進展によって裏付けが進んでいるということだ。柳田國男『口承文芸史考』中央公論社、一九四七年（当該箇所「ハナシとお伽」の初出は、岩波書店編『日本文学』〔「岩波講座」第十一巻〕、岩波書店、一九三二年）、山田厳子「世間話」、野村純一／宮田登／三浦佑之／吉川祐子編『柳田國男事典』所収、勉誠出版、一九九八年

（3）高木史人「怪談の階段」、一柳廣孝編著『「学校の怪談」はささやく』所収、青弓社、二〇〇五年。なお、口承文芸研究のなかの怪談については、下記論考に言及がある。飯倉義之「怪談と口承文芸」、日本口承文芸学会編「口承文芸研究」第三十五号、日本口承文芸学会、二〇一二年

（4）ここでは、柳田國男の民俗学の研究対象の分類法（有形文化、言語芸術、心意伝承）を意識して、この語を用いた。柳田國男『郷土生活の研究法』刀江書院、一九三五年

（5）仏教説話と民間説話（昔話、伝説、世間話）の関連については、堤邦彦による一連の研究がある。堤邦彦『近世仏教説話の研究——唱導と文芸』翰林書房、一九九六年、同『近世説話と禅僧』（研究叢書）、和泉書院、一九九九年、同『江戸の怪異譚——地下水脈の系譜』ぺりかん社、二〇〇四年

（6）本文で述べたように、笑い話も、仕掛けがある話であることに違いはない。意図的に仕掛ければ、笑い話と思わせておいて、最後に怪談に転じる話を成立させることも可能である。

（7）何をもって「超常的」とみなすかは人によって異なるので、語り手が普通に話していることが、聞き手に恐怖心を呼び起こすことはあるだろう。とくに書承（文字を通した伝承）や電承（インターネットを通した伝承）の場合、話し手と聞き手が同じ場にいないことが多いので、こうした事態が起こりやすい。本文の例と同じく、そうしたケースでは、話し手に「怖がらせたい」という意思がないので、怪談は成立しない。

（8）それをふまえたうえで、「怪異」という語が使用可能な臨界点を探っていく試みは面白いと思う。

（9）もちろん、あらゆる説話がそうであるように、仕掛けがある話も人間関係にまったく左右されない

わけはない。例えば、第3章「逆立ちする狐狸狢——猥談「下の口の歯」など」で扱う猥談などは、日頃の人間関係に依拠して話されることが多い。

# 第1章

# 子育て幽霊の気持ち
## ——悲話「夜泣きお梅さん」

### はじめに——土地がもつ物語

例えば、こういうことは考えられないだろうか——ムラが何らかの原因で滅んで無住の地になり、幾星霜か経て人が居住していた痕跡が消え失せたあと、新たにその土地に移住してきた人々がそこにムラを作る。新しい住人たちは、かつての住人たちの存在を知ってはいるが、それ以上の関係はない。ただ、自分たちと同じ土地で暮らしていたことから、歴史の彼方に去った旧住民に対して、何とはなしに親近感をもっている。やがて新住民たちは旧住民に思いを馳せるようになり、彼らの軌跡を自分たちの歴史に組み込み、地域の物語を語り始める——。

私が想定しているのは、北海道苫小牧市のケースである。あとで書くように、同地には、江戸時

図1-1　勇払の位置

代後期に八王子千人同心が入植するも失敗、その後、明治期になって入植した人々が現在の苫小牧市を築いた。そして、現在の苫小牧市とは関係がないにもかかわらず、市民たちは八王子千人同心に共感を抱き、彼らの物語を地域史に取り込んでいる。

　今後、限界集落が文字どおり地図上から消滅したのち、時を経て再開発が進められれば、日本の各地で同じようなケースが生じるだろう。従来、口承説話を成り立たせていたのは、主に血縁と地縁から成る伝承母体と言われていた。しかし、こうしたケースの場合は血縁ではないし、地縁とも言いきれない。ただ、旧住民への共感だけが説話を成り立たせている。その共感は、これから紹介するケースの場合、「悲話」（「哀話」とも）によって成り立つものである。

　悲話は単なる悲しい話、かわいそうな話ではない。世間での用例をみるかぎり、悲話には社会性が必要とされている。おそらく『女工哀史』（細井和喜蔵、改造社、一九二五年）以来だと思うが、「○○悲話」「△△哀話」などの話に込められた悲しみは、個人的な感情を超えて、広く社会の共感を呼ぶものだった。他人の悲しみをひとごとではなく、わがこととして共有することによって、感情の共同体が作られる。それは本来、地縁とは無縁の営みである。しかし、感情の共同体が地縁にもとづくものであれば、伝承はより強固になる。

苫小牧市の「夜泣きお梅さん」の悲話も、感情の共同体を形成させるものだった。この章では「夜泣きお梅さん」が地域史に取り込まれていく過程を追うことによって、悲話であり怪談でもあるこの話について考えてみたい。

幽霊は怖ろしい半面、弱く儚《はかな》く悲しい存在でもある。幽霊話が怪談になるか悲話になるかの岐路は、生前の彼女・彼への共感の有無による。幽霊も、もとは生きた人間だった。話し手がどの部分を強調するかによって、または聞き手がどの部分を欲するかによって、同じ幽霊話が、怪談にも悲話にもなりうるのである。

## 1　勇払の「夜泣きお梅さん」

苫小牧市民会館前にある勇払《ゆうふつ》原野開拓記念碑は、江戸時代後期（十九世紀初頭）に同地を開拓し、苫小牧市の礎を築いた八王子千人同心を顕彰したものである。設置されたのは、苫小牧市開基百年にあたる一九七三年。後述するように、江戸期の八王子千人同心の蝦夷地開拓は、明治期の屯田兵の先駆といえるものだった。

図1-2　勇払原野開拓記念碑の「夜泣きお梅さん」像（撮影：筆者）

記念碑の千人同心の像の台座の下方にある赤子を抱いた女性の像が「夜泣きお梅さん」こと河西梅をかたどったものである。記念碑には、梅の夫・河西祐助（知節）の七言絶句「哭家人」が刻まれている。いわく――「万里游辺功未成　阿妻一去旅魂驚　携児慟哭穹盧下　難尽人間長別情」。

この絶句は、梅の墓石に刻まれている。墓石は現存し、以前は勇払原野に野ざらしになっていたが、現在は「蝦夷地開拓移住隊士の墓」として整備されて、ほかの開拓民の墓とともに、勇払開拓史跡公園内に移されている。近隣にある勇武津資料館にも、八王子千人同心の資料とともに、梅に関する展示がある。

確認できる最古の「夜泣きお梅さん」の話の例は、小田桐清実「北方夜話」に載っている記事である。蝦夷地に渡った八王子千人同心の「開拓哀史」を、河西夫妻の墓石を中心に紹介した文章で、最後に、次のような話が紹介されている。

この梅女の墓について古老の話しによれば「夜泣きお梅さん」という怪談めいたものが僅かに残っているということであった。

それは淋しい雨がシトシトと降る夜、赤ン坊をふところにした若い女がシクシク泣きながら「この子に乳を下さい。」と戸を叩いて廻るのだが、戸をあけて見るとその姿はなくなっていたという。

又、若い女が子を抱いて墓場の方へ消えてゆく姿を見たものもあるということだった。(1)

図1-3　『隣壁夜話』から子育て幽霊
（出典：洒落本大成編集委員会編『洒落本大成』第9巻、中央公論新社、2014年）

一九六〇年に書かれた文章だが、小田桐がこの話を聞いたのは戦前だという。記述を信用するなら、「夜泣きお梅さん」は、戦前の勇払である程度知られていたようだ。もっとも、「私は嘗て胆振支庁に奉職していたころこれを紹介したのであるが、土地の人さえこのことを知る者が少なかった。そのうちに私も大陸に渡り、終戦後引揚げて来て(2)」とも書かれていて、いささか判然としない。小田桐が書いた元の文章（胆振支庁時代の紹介記事）は未発見で、それが河西夫妻の墓の記事だったとしても、「夜泣きお梅さん」が含まれているかは不明である。

その後、「夜泣きお梅さん」は各種の書物に載せられるようになる。手に入ったものを整理したのが表1である。いずれも、内容は右の記述と大差ない。なお、小田桐（b、d）は、右の文章（a）を再録したもので、内容はほぼ同じである。

以下、表1を参照しながら、「夜泣きお梅さん」の受容状況をみていく。

まず、近江謙三（c）は、小田桐（a）のあとを受けて「郷土の研究」誌上に掲載されたもので、近江自身の文章には「夜泣きお梅さん」に関する記述はないが、引用された小田桐の文章のなかに、この挿話が引かれている。論文の体裁を取ってはいるが、「戦火を浴びる覚悟で異境へ渡る旅の淋しさ、恐ろしさ、はじめて見る勇払の荒涼たる風物は、どうその眼にうつったであろうか(3)」など、梅の心情を推察しての小説的描写もみられる。

赤間重昭（f）は史実を冷静な筆致で追った著作だが、余話として、「夜泣きお梅さん」の話を引用している。赤間は、この話を「今でも苫小牧、勇払で語り伝えられている〝夜泣きお梅さん〟という悲しい物語りが残っている」と書いたうえで話を紹介しているが、内容は、先に引用した小田桐の文章を膨らませたものになっている。最後に「怪談のような話であるが、女の身で、はじめて蝦夷地に渡り、夫と幼な児を残して他界した梅女の執念がわかるようだ」と結んでいる。

小田桐、近江、赤間の文章は、地域の郷土研究のために書かれた論文もしくは随筆で、とくに前二者は万人向けに書かれたものではなかった。引用したように、記述もきわめて簡素である。しかし、文章には、梅に対する憐憫の情があふれていて、後年に創作の素材になり、読み物化していく

「夜泣きお梅さん」の下地ができていたことがわかる。

長野京子（e）「ゆうふつの夜泣きお梅さん」は、児童向けに書かれた読み物である。長野は、日本児童文学者協会に所属し、北海道児童文学の会の代表を務めるなどして活動していた童話作家である。「夜泣きお梅さん」が読み物化されて一般読者の前に現れたのは、これが初になる。

読み物化は、岸本安則（安史とも）の一連の著作によって顕著になる。いずれも「夜泣きお梅さん」の幽霊譚と夫・祐助の詩（前述の絶句）は織り込まれているが、おおむね創作である。gは、勇払地区連創立十周年を記念して刊行されたもので、iは苫小牧郷土文化研究会が出した豆本だ。jは単行本で、kは「苫小牧民報」に連載されたものである。増本（t）は岸本と同じ路線の創作作品である。

表1には挙げなかったが、創作作品としては、ほかに、佐々木逸郎の脚本『家庭劇場　梅女の墓』（一九六六年）、高沢弘水の琵琶楽『新曲郷土琵琶／噫々梅女の碑』（一九七六年）がある。前者はラジオドラマの脚本らしく、渡辺清乃という女優が梅を演じている。現代と過去（江戸時代）を往還する内容で、「夜泣きお梅さん」のエピソードもラスト近くに登場する。後者は著者自作の琵琶楽の台本で、夫妻の苦労と梅の心情が描かれているが、「夜泣きお梅さん」のエピソードはない。

一方、伝説資料集に「夜泣きお梅さん」の説話が所収されたものが表1のm、n、o、p、sだが、いずれも長野の創作作品の影響を受けている。

概観すると、「夜泣きお梅さん」には、基本的な三本の柱があることがわかる。①梅の幽霊話、②八王子千人同心の開拓の苦労話、③梅の死を悼んだ詩、の三本だ。

| 掲載書名・誌名 | 発行年 | 備考 |
|---|---|---|
| 『センテン』（発行元不明） | 1960 | 「夜泣き梅女」の初出。 |
| 「郷土の研究」第1号（苫小牧郷土文化研究会） | 1964 | |
| 「郷土の研究」2号（苫小牧郷土文化研究会） | 1967 | 論文。 |
| 『折りにふれて――北方風土のなかの随筆集』 | 1967 | |
| 日本児童文学者協会北海道支部編『むかし話北海道――歴史童話集』第3編（北書房） | 1967 | |
| 『ユーカラの英雄――歴史・えぞ地の戦い』（朝雲新聞社） | 1968 | |
| | 1972 | |
| 『北海道・ロマン伝説の旅』（噴火湾社） | 1978 | |
| 『ユウフツ千人隊物語』（苫小牧郷土文化研究会まめほん編集部） | 1981 | |
| 『蝦夷地ゆうふつ原野 ――千人同心苦闘の哀歓』（北書房） | 1982 | |
| 「苫小牧民報」（苫小牧民報社） | 1984 | 苫小牧市教育委員会が冊子にまとめる。 |
| 『のびゆく苫小牧』第3学年、第4学年用（苫小牧市教育委員会、1987年度改定） | 1987 | |
| 『北海道ふしぎふしぎ物語』（幻洋社） | 1987 | |
| 『幽霊・怨霊』（「ふるさとの伝説」第3巻、ぎょうせい） | 1989 | |
| 『北海道昔ばなし』道央編（中西出版） | 1989 | |
| 『ほっかいどうむかし　あったとさ』道央編（共同文化社） | 1996 | |
| 『のびゆく苫小牧』第3学年、第4学年用（苫小牧市教育委員会、1999年度改定） | 1999 | |
| 『のびゆく苫小牧』第3学年、第4学年用（苫小牧市教育委員会、2002年度改定） | 2002 | |
| 『伝説は生きている――写真で見る北海道の口承文芸』（高田紀子） | 2007 | |
| 『北の蛍火――蝦夷の蓋開けを見た八王子千人同心の妻 梅』（揺籃社） | 2016 | 単行本。 |

表1　「夜泣きお梅さん」説話一覧（筆者作成）

| | 著者 | 話名 |
|---|---|---|
| a | 小田桐清実 | 「北方夜話——夜泣き梅女の墓」 |
| b | 小田切清美 | 「北方夜話——夜泣き梅女の墓」 |
| c | 近江謙三 | 「河西祐助の妻とその生活——蝦夷地の女性を偲ぶ」 |
| d | 小田桐清實 | 「夜泣き梅女の墓」 |
| e | 長野京子 | 「ゆうふつの夜泣きお梅さん」 |
| f | 赤間重昭 | 「屯田兵の先駆八王子千人同心」 |
| g | 岸本安史 | 『千人隊悲話——夜泣き梅女の墓』 |
| h | 合田一道 | 「赤子抱いた女の亡霊　苫小牧・夜泣き梅女伝説」 |
| i | 岸本安則 | 「哀話 河西祐助と梅女」 |
| j | 岸本安則 | なし。 |
| k | 岸本安史 | 「千人隊悲話——勇武津」 |
| l | 不明 | 「夜なき梅女のはかの伝説」 |
| m | 合田一道 | 「赤子抱いた女の亡霊——苫小牧・夜泣き梅女伝説」 |
| n | 不明 | 「梅女哀話」 |
| o | 北海道口承文芸研究会編 | 「夜泣きお梅さん」 |
| p | 坪谷京子 | 「夜泣きお梅さん」 |
| q | 不明 | 「夜なき梅女のはかの伝説」 |
| r | 不明 | 「夜なき梅女のはかの伝説」 |
| s | 高田紀子 | 「夜泣きお梅さん」 |
| t | 増本邦男 | なし。 |

## 2　八王子千人同心の蝦夷開拓

ここで「夜泣きお梅さん」生成の背景をみてみよう(4)。

八王子千人同心とは、江戸幕府の職制の一つで、武田氏の旧家臣団（後北条氏の旧家臣やその他の浪人たちも含まれていた）を、甲州口（現・八王子市周辺）に土着させて、警護の任に当たらせたものである。関ヶ原の戦い（一六〇〇年）のころには成立していた。同心たちは士分を与えられながらも平素は農業を営む半士半農の生活を営んでいて、兵農分離が原則の江戸幕府の政策にあって、例外的な存在だった。

この半士半農という性質のためか、一八〇〇年、幕府は同心たちに蝦夷地開拓を命じた。入植先は、現在の苫小牧市勇払地区である。南下の隙をうかがうロシアに対する北辺の防御が目的だった。その目的と性質は、後年の明治政府の屯田兵に類している。八王子千人同心が、北海道開拓の先駆けと称されるのは、そうした理由による。

同心たちの開拓事業は困難を極めた。道内では比較的温暖な苫小牧でも、冬の寒さは八王子の比ではない。さらに当地は樽前山の噴火による火山灰土で、そもそも農作に向かない。同心たちの多くは栄養不良と病に倒れ、次々と命を落とした。開拓は失敗し、同心たちは箱館（函館）にまで撤退することになる。

「夜泣きお梅さん」こと河西梅の夫・河西祐助は千人同心の組頭で、開拓団の第二陣として派遣された。河西家は武田家の旧臣で、梅の実家の猪野家も千人同心だった。入植したとき、二人には橘太郎という息子がいて、入植後、長女・鯤が生まれた。なお、千人同心のうち妻子連れで入植したのは三人だけで、そのうちの一人が祐助だった。

苦しい生活のなか、梅は一八〇三年に亡くなった。享年は、勇払の墓（前記）では二十五歳、北海道様似郡にある等澍院の霊名簿では二十八歳になっている。前者は祐助が建てた墓なので、二十五歳説のほうが信憑性が高い。墓碑によると、当時、橘太郎は五歳、鯤は二歳である。祐助も〇七年に三十六歳で没。橘太郎は八王子の叔父のもとに預けられるが、成人後、再び蝦夷地に渡り、函館奉行所に勤めている。

史実に残る河西梅の事績は、右に記したものがすべてである。人となりを示すような資料は何一つ残されていない。ただ、前述した祐助の詩「哭家人」の一節から夫婦仲のよさがうかがえるだけである。そして、この詩こそが「夜泣きお梅さん」説話成立のきっかけになった。

というのも、この詩の第二連「阿妻一去旅魂驚」（「阿妻一たび去りて旅魂を驚かす」）と、第三連「携児慟哭穹廬下」（「児を携えて慟哭す穹廬の下」）の誤読から、幽霊話が生じた可能性が高いからである。夫が自らの心情を詠んだのだから、第三連は「妻が世を去って、私の旅情を驚かした」の意味、第四連は「妻が亡くなったあと、私は茫然として子どもたちを抱き、飯櫃のそばで泣いている」の意味だろう。だが、おそらくは次のような誤解が生じた。

「阿妻一去旅魂驚　携児慟哭穹廬下」という痛嘆の詩の一節から〝梅女の亡魂が、赤ん坊を抱いて慟哭しながら、夜ごと夜ごと、家々の軒なみへ貰い乳のため、さまよい歩いていた〟という意味に解され、いつしか「夜泣きの墓」の噂はひろまり、それが悲しい伝説になってしまったのだろう。(5)

この誤読の背景として挙げられるのは、昔話や伝説として流布している「子育て幽霊」(一名「飴買い幽霊」)である。「母親の幽霊が、遺した赤子のために夜な夜な現れ、乳の代わりに飴を求める」というモチーフが「夜泣きお梅さん」と一致する。報告例は全国に渡り、幽霊飴を売る店もある。紙芝居「墓場鬼太郎」のもとにもなった。類話は中国にもある。(6)非常にポピュラーな話といっていい。次に『日本昔話大成』からプロットを引用する。

1、妊婦が死んだので葬る。
2、(a)幽霊になって毎晩同じ時刻に一文銭を持って飴を買いに来る。または(b)地中で子供が生まれた夢を見せる。
3、墓を掘ると屍が生きている男児を抱いている。買った飴がかたわらにある。
4、子供を救い出して育てる。(後に名僧になる)(7)。

「子育て幽霊」は、江戸時代に唱導活動のなかで伝承されていたことが指摘されている。(8)とくに、胎児分離習俗とあわせて論じられることが多かった。また、幽霊が遺した赤子が後年、高徳の僧侶（通幻禅師、頭白上人など）になったとされるため、「子育て幽霊」は伝承文学研究では異常出生譚に振り分けられる。しかし、この話を話す／聞く人の関心はほかにあった。それは、幽霊になってまでわが子を育てようとする母親の気持ちへの共感である。先行研究でも、母子の情愛についてふれたものが多い。

例えば、野村純一は「子を慈む母の想いが溢れ出ている」「わけても不幸にも身寄の者に心当たりのあった場合などは、感情移入もひとしおのことであったろうと察せられる[9]」とし、酒井董美は「生と死をテーマに取り上げ、親子の愛情を強調した」話であり、「人としての在るべき姿を教えようとした民話の教育的機能[10]」を評価した。また、豊増良子は語り手の立場から「死んでもなお、赤子を育てたい一心で、この世に現われる母の思いを知ると、ただそこに産まれ存在するだけで、子ども（人間）は意味があるんだと強く感じました[11]」と述べている。

一方、高岡弘幸は「子育て幽霊」の赤子は捨て子ではなかったかと推測し、話の背後に「近世から近代初期頃の貧しい家庭や「シングルマザー」の暮らし、地域の貧富による乳幼児の運命などが垣間見えてくる[12]」と指摘している。従来の唱導活動や母親の情愛が話の伝承の根底にあったとする説とは、また違った視角からの考察である。

高岡が指摘する「子育て幽霊」の背景にある「貧しさ」は、まさに「夜泣きお梅さん」にも当てはまる。ここに人々の同情が集まり、感情の共同体が生れたのである。

## 3　郷土史のなかの「夜泣きお梅さん」

確かに「子育て幽霊」は人々の心の琴線にふれる話だが、「夜泣きお梅さん」には、地域住人がシンパシーを抱くもう一つの要素があった。それは北海道開拓悲話としての要素である。

わたくしごとになるが、以前、石黒家（私の父方の祖母の一族）のルーツを探しに、北海道厚岸町に行ったことがあった。曾祖父・石黒謙吉は一八九〇年、十七歳で故郷の石川県をあとにして、屯田兵として現在の厚岸町に入った。翌年、当時十四歳の須崎タケオと結婚。須崎家は香川県からの入植者だった。いまでいえば、高校生と中学生の夫婦である。若い二人は北の大地の開墾に精を出して、当初の五千坪から一万坪にまで土地を増やしたものの、そもそも農作に向かない土地だったために挫折。謙吉は土地を捨て、北海道庁に勤めた。車塚洋氏（当時、厚岸町海事記念館学芸員）に、唯一現存する屯田兵の家屋（太田屯田兵屋）を案内してもらったが、実に粗末な小屋で、よくもまぁこれで、と思った。かたわらにある小さな地蔵堂は、冬を越せずに亡くなった子どもを弔うためのものだろう[13]。

こうした苦労話は北海道各地に伝わっている。小田桐が「夜泣きお梅さん」を聞いた戦前ならば、まだ開拓一世が存命であり、生々しい話が聞けたはずだ。江戸時代の八王子千人同心と、明治時代の開拓民を一様に捉えることはできないが、同じ土地で同じように辛酸をなめた人々の悲劇という点が、苫小牧市民のあいだで共感を生んだのだろう。

表1のe「ゆうふつの夜泣きお梅さん」を書いた長野京子は、勇払の歴史について簡単にふれたあと、「そのころ、このへんの古い人たちの間には、こんな話がつたわっていました」と記し、こう綴る。


こうして、ゆうふつの開たくはとうとう成こうしませんでした。

そのあと、屯田兵（とんでんへい）というきまりができて、北海道はどんどんひらけましたが、八王子千人同心の中から出た、原新助や河西祐助は、屯田兵のはじまりといってもいいでしょう。

その中にまじって、梅のような女の人がいたことは、心にとめておきたいことです。

成こうもせず、人にも知られず、苦しくまずしく一生をすごした女の人は、おそらく梅一人だけではないでしょう。

北海道の広い大地のどこかには、こうして土になった、とうとい何人かのいのちがねむっているはずなのです。(14)


そう、北海道開拓史には、いく人もの「お梅さん」がいた。勇払の河西梅の墓は、北海道の和人女性の墓としては最古のものだという。そこに象徴的な意味が生まれた。長野は、この話を次のように締めくくっている。

図1-4　河西梅の墓（撮影：筆者）

それにしても、雨の夜に戸をたたく、夜泣きお梅さんの話は、ほんとうのことなのでしょうか。

それはきっと、美しくあわれな梅の一生を、わすれたくないばかりに、土地の人たちが、こんな語りぐさをつくってしまったのでは、ないでしょうか。

ですから、夜泣きお梅さんのいいつたえの中には、せめて梅のおもかげを残したいという、土地の人たちのねがいが、こもっているのだと思います。

ゆうふつの町にあるはかには、時々お線こうがそなえられ、河西梅女と書かれた文字に、むらさきのけむりが、ゆらいでいるということです。[15]

「夜泣きお梅さん」、それは忘れられない、忘れてはいけない郷土の物語だった。だから苫小牧市の郷土教育の教科書にも「夜泣きお梅さん」の話は載っている。

右に引用した長野の「ゆうふつの夜泣きお梅さん」は、合田一道の監修によって若干の修正が施されたあと、『悠久二百年』（苫小牧市勇払悠久二百年祭実行委員会、二〇〇〇年）に採録されている。同書は布カバーの豪華な郷土史だが、その冒頭を飾るのが「歴史童話　ゆうふつの夜泣きお梅さん」である。郷土史のなかで、梅は象徴的な存在になっている。

それでは、「夜泣きお梅さん」は、いつから地域の象徴になったのだろう。

小学校三、四年生向けの社会科副読本『のびゆく苫小牧』（苫小牧市社会科教育研究会編、苫小牧市教育委員会）にも、開拓余話として「夜泣き梅女のはかの伝説」が載っている。同書は一九五五年刊行のものが初版のようだが、そこには「夜泣きお梅さん」はもとより、八王子千人同心の記事自体がない。一九六八年版も同様である。そもそも江戸時代以前の記述自体が少なく、苫小牧市の歴史は明治の開拓期から綴られている。『のびゆく苫小牧』は改訂が多く、煩瑣になるので詳述は避けるが、「夜泣きお梅さん」の記事が載ったのは一九八七年の全面改定以降である。以後、文章と図版に若干の変更を加えながら、今日にいたるまで掲載されつづけている。

地域史に目を向けると、一九五五年刊行の『苫小牧町史』（苫小牧町編、苫小牧町）は、やはり江戸時代以前の歴史の記述が乏しく、八王子千人同心に関する記事もない。むろん「夜泣きお梅さん」も載っていない。『のびゆく苫小牧』の状況とあわせて考えると、八王子千人同心は、長らく苫小牧市の歴史に組み込まれていなかったことがわかる。

ところが、『苫小牧市史』(苫小牧市、上巻は一九七五年、下巻は一九七六年)には一転して八王子千人同心の開拓に関する詳細な記事が載り、幽霊話ではないものの、河西梅に関する記述もある。あわせて刊行された『苫小牧市年表』(一九七七年)の一八〇三年の条には、「河西祐助の妻梅勇払にて病死す」という記述がある。千人同心の関係者で死亡記事が載っているのは、河西祐助・梅夫妻と、井上忠左衛門の三人だけである。八王子千人同心が苫小牧史に組み込まれたのは一九七〇年代だった。

## 4 お梅観音と浄邦盆踊り

それでは、一九七〇年代の苫小牧市で何があったのだろうか。

『苫小牧市年表』をみてみると、一九七三年の苫小牧市の開基百年を契機に、八王子千人同心顕彰の機運が高まったのがわかる。河西梅の像を含む苫小牧開拓記念碑が完成したのも、この年である。

この「開基百年」というのは、一八七三年に、開拓使が勇払郡出張所を苫細(のちの苫小牧市)に移転したことを起点とする。以降、苫小牧市の歴史のなかで、八王子千人同心の開拓事業は、前史的扱いになった。

現在、浄生寺に安置されているお梅観音像も、こうした背景のもとで作られた。伝説には事物が必要である。「夜泣きお梅さん」も、今後、さらに事物を得て伝説化していくと予想される。ここで「お梅観音像」の来歴を整理しておきたい。

浄正寺は、勇払地区最初にして唯一の寺院である。開基は一九五五年、浄土真宗本願寺派に属する。同寺が所蔵していた勇払波切不動尊は、梅の夫・河西祐助らが願主で、苫小牧市では最古の文化財の一つになっている。

二〇一九年七月、浄正寺を訪れて、住職の杉林良樹さん（一九五〇年生まれ）から、お梅観音像の由来をうかがった。[16] 良樹さんの父上（杉林良彰氏、故人）が浄生寺を開いた人である。

良樹さんによると、「夜泣きお梅さん」の話を知って心を打たれた仏師の塩谷清一氏がお梅観音像を彫ったのが一九八二年。このときの世話人が、岸本安則氏と盛信一氏だった。岸本氏は二六年、山梨県生まれ。苫小牧郷土文化研究会の会員で、本業は割烹屋だったというが、先に述べたように、「夜泣きお梅さん」関連の読み物を多々執筆している（表1のg、i、j、k）。塩谷氏は、岸本氏から「夜泣きお梅さん」の話を聞いたのか

図1-5　浄正寺のお梅観音像（撮影：筆者）

もしれない。一方、盛氏は勇払で書店を経営していて、町内会長を務めていた人物だという。

お梅観音像はもともと浄生寺のために彫られたわけではないが、勇払にはほかに寺院がないため、父（良彰氏）と相談したうえ、迎えることにしたという。

以来、浄生寺では、毎年五月二十二日（梅の命日）に法要を、八月二十二日には八王子千人同心の慰霊祭をおこなうことになった。八月の慰霊祭には、八王子市からも同心の子孫が来るという。その様子は、地元の新聞やテレビでも報じられてきた。

現在、「夜泣きお梅さん」は開拓悲話として、苫小牧市の歴史に組み込まれている。この点についてどう思うのか、良樹さんにご意見をうかがうと、「あの時代に、女性が表舞台に出たことに感銘を受けた」ということだった。しかし、史実の河西梅という女性への共感と同情はあるにせよ、良樹さんは、檀家への法話のなかで「夜泣きお梅さん」を扱ったことはないという。むしろ梅の逸話が「幽霊話として扱われることには抵抗があった」とのことだった。唱導活動のなかで伝承されてきたかつての「子育て幽霊」譚とは異なるが、これは良樹さんの個性というよりも、合理主義が広まった時代の要請だったかもしれない。近代とは、仏教説話が語られなくなっていった時代だった。

良樹さんの念頭にあったのは、勇払という土地の未来への懸念だった。勇払の歴史は古く、江戸期の八王子千人同心の入植以前からアイヌが住んでいた。明治期に入っても地域の拠点としての位置を占めていたが、その後、札幌本道（馬車道）が現在の苫小牧市街を通ったことによって、中心の座を譲った。それでも、漁業と製紙業は変わらず盛んで、良樹さんが子どものころは、勇払地区の人口は一万人前後だったという。しかし、製紙業の衰退によって人口は激減し、現在は二千人ほどになっている。人口の減少とともに、「だんだん、地域の結び付きも弱まってきている」と良樹さんは言う。

そこで良樹さんの発案で始まったのが「浄邦盆踊り」で、二〇一九年八月十八日が第一回だった（私も参加した）。浄邦会（仏教壮年会）と仏教婦人会が運営母体になっている。良樹さんによると、「盆踊りを通じて、本当の出会いをしてほしい」というメッセージが込められているという。「本当の出会い」とは「型どおりのあいさつではなく、お互いにお互いを知ること」で、昨今のＳＮＳによる人間関係に危機感を抱いていたことが背景にある。

「浄邦盆踊り」の広告チラシには、「阿弥陀様と極楽浄土・お梅観音菩薩（八王子千人隊……河西祐助：妻……河西梅……北の慈母）」とある。「慈母」という言葉は、良樹さんのお話のなかでも出てきた。しかし、当日の盆踊りでは、とくに河西夫婦にはふれられることなく、地域主体の行事という点が前面に出されていた。

良樹さんが「夜泣きお梅さん」を知ったのは、お梅観音像を迎えたとき（一九八二年）だという。現在の勇払住民のあいだでの「夜泣きお梅さん」の知名度は高いが、郷土教育活動によって知ったという人が多いようだ。「夜泣きお梅さん」が郷土史に取り込まれたのは戦後のことだが、今後、地域住民のアイデンティティーの一角を占めていくのだろう。

ここで留意しておかなければいけないのは、現在の苫小牧市民と、江戸期の八王子千人同心には、直接の関係がないということだ。先に述べたように、「苫小牧の礎を築いた」と称される八王子千

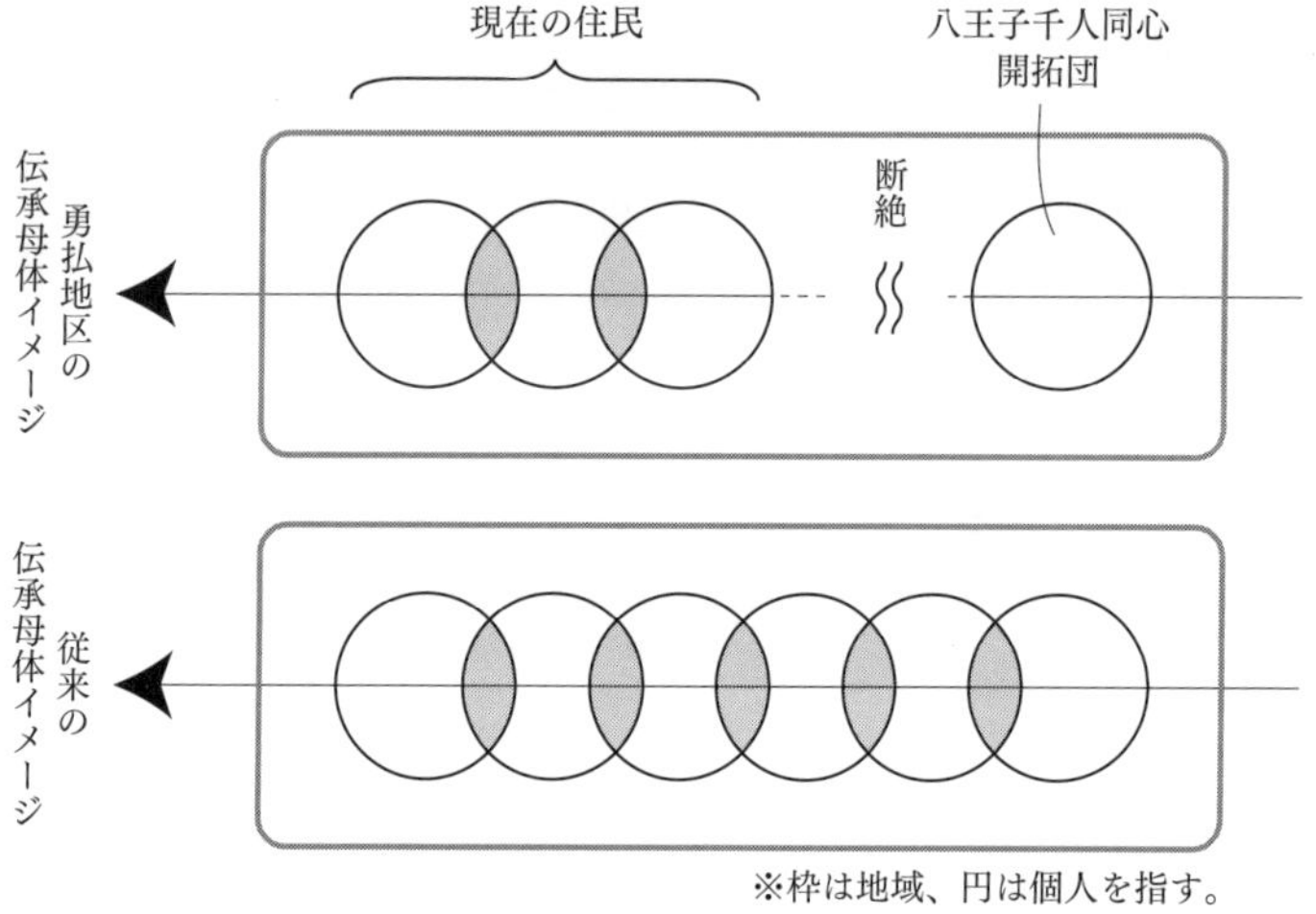


図1-6　伝承母体イメージ（筆者作成）

人同心の開拓事業は失敗し、わずか五年で退去している。現在の苫小牧市を築いたのは、八王子千人同心の開拓事業から七十年後の明治初期に入植した人々である。

幽霊話はともかくも、確かに河西梅という女性は苫小牧勇払の地にいて、二人の幼子を残して世を去った。夫・祐助が妻の死を悲嘆し、乳飲み子を抱えて途方に暮れていたのも事実である。しかし、いくつかの資料に書かれているように、この悲劇は勇払の地で代々語り継がれてきたものではない。語り継がれるもなにも、八王子千人同心の退去後は無住の地に近い状態が続いていたのだから。勇払の歴史はいったん途切れている。

このことを念頭に置くと、現代的な伝承生成のメカニズムがみえてくる。地域の伝承として根付く「夜泣きお梅さん」を育んだのは、苫小牧、なかんずく勇払という土地の人々だった。それはやはり地縁と呼ぶべきものなのだろう。地域住民が、直接は自分たちと関係がないにもかかわらず、その土地の物語を共有し、アイデンティティーを醸成していく。こうした例は各地にあり、そこに悲話が入り込む余地があった。(17)

## おわりに

最初に述べたように、悲話とは社会性を有するものである。悲話の悲しみは個人的なものだが、それは同時に、社会に共有されうるものでなければならない。語を換えると、個人の悲しみを通して社会が仄見えるような話が悲話なのである。

「夜泣きお梅さん」が悲話になりえたのは、北海道開拓の苦労をした世代や、苦労話を聞かされた世代が、河西夫婦の運命に共感したからだった。この共感が前提にあり、そこに「子育て幽霊」の話型が重ね合わせられたとき、一つの悲話が生まれた。話型が説話を生んだケースである。(18)

ここで、日本の幽霊が本来、怖い存在ではなかったことを考え合わせてもいい。高岡弘幸の指摘によると、幽霊が怖い存在になったのは江戸時代のことで、それ以前の幽霊は、弱く儚いものだったという。(19)しかし、江戸時代になって怖い幽霊が生じたとしても、それ以前の幽霊像が消滅したわけではない。「子育て幽霊」や、その流れをくむ「夜泣きお梅さん」の話などは、弱く儚い幽霊の系譜に連なるものだと思う。

そう考えると、死者の事績を語ることが多い怪談に悲話の要素があるのは当然のことともいえる。

また、美談との接点もみえてくる。自己犠牲の物語である美談は、往々にして悲話とも結び付く。実際、「夜泣きお梅さん」は開拓に殉じた女性として、苫小牧市で顕彰されているのだ。

今後、地域の歴史のなかで、どのように「夜泣きお梅さん」が伝承されていくのか、見守っていきたい。

注

（1）小田桐清実「北方夜話――夜泣き梅女の墓」「センテン」一九六〇年五月号、出版社不詳。著者の名前については、「小田桐」と「小田切」、「清実（清實）」と「清美」など異同が多い。自伝的随筆集『折りにふれて――北方風土のなかの随筆集』（私家版、一九六七年）に記された「小田桐清實」が正しいと思われるが、ここでは初出の表記に従った。

（2）前掲「北方夜話」

（3）近江謙三「河西祐助の妻とその生活――蝦夷地の女性を偲ぶ」「郷土の研究」第二号、一九六七年

（4）八王子千人同心の成立と蝦夷地開拓に関する記述は、以下の論考を参考にした。菊池新一「北海道屯田兵制度の先駆的類型――八王子千人同心の移住を中心として」、大東文化大学経済学会編「経済論集」第四号、大東文化大学経済学会、一九六五年、同「「蝦夷地開拓移住隊士の墓」考」「郷土の研究」第二号、苫小牧郷土文化研究会、一九六七年、同「八王子千人同心組頭河西祐助について」「郷土の研究」第三号、苫小牧郷土文化研究会、一九七一年、村上直「八王子千人同心の成立」、村上直編『八王子千人同心史料――河野家文書』所収、雄山閣、一九七五年、馬場憲一「八王子千人同心の

世襲と在村分布——特に河野組の実態を中心に」、同書所収
（5）北海道歴史教育者協議会編『北海道歴史散歩——50コース』草土文化、一九八三年
（6）高戸聰「姑獲鳥と子育て幽霊」「福岡女学院大学紀要 人文学部編」第三十一号、福岡女学院大学人文学部、二〇二一年
（7）関敬吾／野村純一／大島廣志編『日本昔話大成』第十一巻、角川書店、一九八〇年
（8）池田枝実子「幽霊子育て伝説について——通幻禅師を中心に」「史園」第三輯、園田学園女子大学歴史民俗学会、二〇〇一年
（9）野村純一「「子育て幽霊」の来る夜——胎児分離習俗を巡って」『昔話伝承の研究』同朋舎出版、一九八四年
（10）酒井董美「民話「子育て幽霊」に見る母性愛」、鳥取看護大学・鳥取短期大学北東アジア文化総合研究所編「北東アジア文化研究」第三十九号、鳥取看護大学・鳥取短期大学、二〇一四年
（11）豊増良子「子育て幽霊を育てる」「語りの世界」第二十七号、語り手たちの会、一九九八年
（12）髙岡弘幸「「子育て幽霊」と捨子——怪異譚に秘められた真実」「学士会会報」第九百四十三号、学士会、二〇二〇年
（13）厚岸町の開拓については、同町の太田屯田開拓記念館の展示に詳しい。
（14）日本児童文学者協会北海道支部編『むかし話北海道——歴史童話集』第三編、北書房、一九六七年
（15）同書
（16）聞き取りは、二〇一九年八月二日におこなった。また、同年八月十八日開催の浄邦盆踊りにも準備段階から参加し、その折にも、お話をうかがった。
（17）倉石忠彦は、左記著作で「まだ見ぬ故郷を求めて移住し、そこを第二の故郷にしようとすることも

ある」と述べ、こうした行為が個人の単位でおこなわれるとする一方で、「地域社会を単位として「故郷」を作り出そうとすることがある」と指摘している。「夜泣きお梅さん」も、こうした心性から生まれた話だろう。倉石忠彦『民俗都市の人びと』（歴史文化ライブラリー）、吉川弘文館、一九九七年

（18）本章で取り上げたケースとは異なるが、戦争や災害なども感情の共同体を形成させる。東日本大震災のあとに生成した幽霊話は、津波被害があった沿岸部に集中して話された。工藤優花によると、もともと地縁意識が強かった宮城県石巻市の特徴が表れているという。これが太平洋戦争後になると、日本全域が感情の共同体を構成していて、あまたの戦争悲話や怪談が生じた。工藤優花「死者たちが通う街――タクシードライバーの幽霊現象」、金菱清編『呼び覚まされる霊性の震災学――3・11生と死のはざまで』所収、新曜社、二〇一六年

（19）髙岡弘幸『幽霊――近世都市が生み出した化物』（歴史文化ライブラリー）、吉川弘文館、二〇一六年

# コラム1　わが家の怪談

幸か不幸か、私は幽霊を見たことがない。けれど、幽霊に憑かれたことはある……ようだ。子どものころの話。母が癌を患い、私にそのことを告げようとしたが、きっかけがつかめないまま夜になり、先に寝ていた私の横に寝た。すると突然、私が「元気かー?」と聞いたそうだ。もちろん、私自身は寝ているので記憶はない。変なことを聞くなぁと思いながら、母が「元気だよー」と答えると、続けて私が「いくつになったー?」と聞いたとか。また、その問いに母が答える。妙なやりとりはここで終わり、母も眠りに落ちた。

翌朝、母が昨夜のことを思い返すと、そのときの私の口調が祖父(母からみれば父)にそっくりだったことに気づいた。私の母方の祖父・出村清助は、五十六歳で癌で亡くなっている。わが家では、がんの手術を目前にした娘(母)を心配した祖父が、あの世から会いにきたのだろう……ということになった。手術は成功した。

どこの家にも、多かれ少なかれ怪談はあると思うが、幽霊になりやすい人と、なりにくい人がいるようだ。わが家の場合、母方の祖父に怪談が集中している。例えば——。

祖父が亡くなったとき、高校生だった叔母(母の妹)は強い線香の匂いを嗅いだ。

同じく祖父が亡くなったとき、仲良くしていたお隣のYさんの家にあいさつにきた。Yさんは「もう退院したのかな?」と思ったそうだ。

祖父の没後、夜、祖母が寝ていると、誰かが足首をつかむ。目を開けると、足元に座った祖父が無言で足首をつかんでいた。夫婦仲は悪くなかったが、そのときの祖母は非常な恐怖心を覚えたという。

これも祖父の没後。夜、私の父が運転中、強烈な睡魔に襲われ、意識が飛びそうになった。そのとき、車のサイドガラスに祖父の顔が映り、目が覚めた。娘婿の危機を救ったのだけれど、かえって危ないんじゃないか。

当たり前だが、私には祖父母が合わせて四人いる。しかし、父方の祖父の幽霊が現れたのは一回だけ(父が病気になったとき、助けにきた)、母方の祖母の幽霊が現れたのも一回だけで(亡くなったとき、かわいがっていた従妹の背中を撫でた)、父方の祖母にいたっては一度もない(祖母自身は、人魂を見ている)。どういうわけか、母方の祖父にだけ、怪談が多い。

ところが、当の祖父自身は、幽霊の類いは一切信じていなかったという。開拓二世で、若いころから社会の辛酸をなめてきた祖父は、あるとき、「死んだやつなんて怖くもなんともない。生きてる人間がいちばん怖い」と言ったという。井原西鶴の名言「人は化けもの」に通じる真理だ。その祖父が幽霊になって出てくるというのだから、何とも面白い。生前の個性と幽霊化のあいだに関係はありやなしや、一考に値するテーマかもしれない。

# 第２章　お岩さんと愉快な仲間たち
## ――笑い話としての「四谷怪談」と「皿屋敷」

### はじめに――怪談と笑い話

怪談と笑い話は、恐怖と笑いという、およそ対照的な感情を呼び起こすのが目的の話だが、その実、両者の相性は悪くない。怪談が笑い話に転じることもあれば、その逆もある。恐怖と笑いが同時に湧き出す場合もあるし、また、恐怖のあまりに笑えてくることもある。実際、恐怖で引きつった顔と笑顔は似ているのである。

『妖怪シェアハウス』（テレビ朝日系、二〇二〇年）は、怪談と笑い話の関係を考えるうえで興味深いドラマだった。仕事でも恋愛でも冴えない主人公・目黒澪（演：小芝風花）が、わけあって妖怪や幽霊たちが住むシェアハウスで暮らすことになるという設定で、奇妙な住人たちとのかけ合いを見ているだけで楽しい。この妖怪たちが人間界で肩を寄せ合って暮らしているという設定には既視感があった。何だったろう……と考えていて思い出した。子どものころに見ていたバラエティー『お化けのサンバ』（東京12チャンネル〔現テレビ東京〕、一九八〇―八一年）だ。細かい内容は覚えていないが、ドラキュラや狼男やフランケンシュタインの怪物やらがトンチンカンなやりとりをする、とにかく楽しい番組だった。思うに、藤子不二雄Ⓐの漫画『怪物くん』（一九六五―六九年）にインスパイアされたのではないだろうか。

なぜ妖怪・幽霊のパロディーがおかしいのかというと、「型」があるからである。これらの作品に登場する妖怪・幽霊たちの容姿や行動には、誰にでもわかる型があった。元になる作品に型がある場合、パロディーが成立しやすい。喜劇映画に造詣が深い小林信彦は、西部劇もののコメディーに外れはないとしている(1)。西部劇には定まった型があるからだろう。その型を外せば容易にパロディーが作れる。日本でいえば、ひところの時代劇には明瞭な型があり、格好のパロディーネタだった。

だからホラーコメディーというジャンルが生じた。『吸血鬼』（監督：ロマン・ポランスキー、一九六七年）、『ヤング・フランケンシュタイン』（監督：メル・ブルックス、一九七四年）、『狼男アメリカン』（監督：ジョン・ランディス、一九八一年）、『レスリー・ニールセンのドラキュラ』（監督：メル・ブルックス、一九九五年）などの作品群(2)である。

しかし、怪談が笑いを生むのは型を外してパロディー化したときだけではない。忠実に型をなぞったときにも、その陳腐さゆえに笑いが生まれることがある。それは怪談だけではなく、悲話、美談、恋愛譚、冒険譚など、型を指向する仕掛けがある話に共通する傾向でもある。この章では、恐怖と笑いという、相反する感情を指向する二種の仕掛けがある話（怪談、笑い話）の関係について、型という面から考えてみたい。(3)

## 1　陽気なお菊さんの皿数えショー

その『妖怪シェアハウス』の第二話のゲストが「皿屋敷」のお菊（演：佐津川愛美）だった。お菊は幽霊になったのちも現世にとどまり、人間界で在庫管理の仕事をしている（シェアハウスの住人たちも、普段は人間の姿に変じて社会生活を営んでいる）。

ドラマのお菊は派手な服を着て、明るくノリも軽く、皿の数え方もやたらと元気がいい。しかしその一方で、男性のエゴによって命を落とした点は、本家の怪談「皿屋敷」を踏襲している。同じように男性に振り回される澪に向かって「私が死ぬしかなかった時代といまは違うじゃない」と話すなど、心に闇を抱えている描写もある。ぬらりひょん（演：大倉孝二）の台詞に「男女雇用機会均等法ができても、働く女の立場は変わらんのう」とあるように、本質的にはシリアスなテーマを扱った話である。怪談にも笑い話にも悲話にもできる内容だった。(4)

数ある怪談のなかでも、とりわけ「皿屋敷」はパロディー化されやすい話である。「皿屋敷」には怪談としての型が明確にあるからだ。落語『お菊の皿』はそうして生まれた話である。当然、ここではお菊も笑われる（笑わせる）存在になっている。コメディエンヌ・お菊である。次に、落語『お菊の皿』を要約する（本章では、怪談のほうは「皿屋敷」、落語のほうは『お菊の皿』と記す）。

血気盛んな若者たちが、お菊の幽霊が出るという井戸に肝試しにいこうという話になった。みなで夜中に井戸に行くと、さっそくお菊が出てきて「いちま〜い、にま〜い」と皿を数えだす。そのさまは、凄みのなかにも色気がある。皿数えの声を最後まで聞くと死ぬというので、お菊が六枚目まで数えたあたりで、みなは逃げ出す。

怖いことは怖いが、お菊はなかなかの美人。翌日も見に行こうということになり、また、お菊が六枚目まで数えたあたりで逃げ出す。そんなことを繰り返しているうち、次第に見物人が増えていき、ついには露店まで出るようになった。お菊のほうもサービス精神を発揮し、愛想を振りまくようになるが、毎日となると皿を数えるのに疲れてくる。

ある日、例によって皿数えを聞いていた若者たちが、六枚目あたりで逃げようとするが、人込みで逃げられない。とうとう九枚目にいたって、「もうダメだ！」と思ったが、「じゅうま〜い、じゅういちま〜い……」と、いつまでも終わらない。

客「おいおい、どういうことだい？」

お菊「明日はお休みなのよ。二日ぶん数えるの」(5)

前半は怪談パートである。後半の笑い話パートの展開がおかしく、アイドル扱いされて調子に乗

図2-1　『絵本 皿屋敷於菊之実伝』(国立国会図書館蔵)

るお菊が愛らしい。高座では、お菊が休む理由を「風邪を引いちゃって……」と話す、よりナンセンスな味になっているものもある。なお、文献上の初出は一八〇七年刊の落語のネタ帳『滑稽集』にある「さらやしき明日休」だとされる。[6]

一方、『しんばん落ばなし』(江戸時代後期)の「皿やしきおきくがゆうれい」では、九枚目まで皿を数えたお菊が、また「いちま〜い、にま〜い」と最初に戻って数え直しはじめ、客に「どういうこと?」と聞かれたあと、先ほどの落ちにいたる。[7]

いろいろとバリエーションがあって、私が子どものころ(一九八〇年代)に友人から聞いた話では、九枚目まで数え終えたお菊が、最後に「もうおしまい!」と言って切り上げていた。これが『お菊の皿』でしばしば使われるしゃれだと知ったのはずっと後年のこと。

また、「落語三十三題」には次のような小話がある。お菊の霊を成仏させようとする旅僧が「なんまいだ（南無阿弥陀仏）」とお経を唱える場面――旅僧「なんまいだ〳〵」、いうれい「ハイどう勘定いたしましても、九まいでござります[8]」。

落語『お菊の皿』が人気を博したのは、元ネタの怪談「皿屋敷」がポピュラーで、誰もがその型を知っているからである。型が有名であればあるほどパロディーは作りやすい。しかしその一方で、元ネタになった怪談の「皿屋敷」の話自体に、構造的に笑いの要素があったことも指摘できる。

笑いについての古典的著作を残したアンリ・ベルクソンは「人体の姿勢、身ぶり、そして動きは、その人体が単なる機械を思わせる程度に正確に比例して笑いを誘う」とし、さらに「生きているものの上に貼りついた機械的なもの」「人が物であるような印象を与えるすべての場合に、わたしたちは笑う[9]」と述べた。その具体例として、ベルクソンは演壇に立つ講演者のしぐさを挙げている。演説が盛り上がったところで、講演者が拳を振り上げる。それはとくに面白くもないしぐさだ。だが、そこに法則性があることに気づいたとき（例えば、彼が「しかし！」と言うたびに、拳を振り上げるとか）、聴衆はおかしみを感じる。ベルクソンは言う――「いまや目の前にあるのは、自動的に作動する機械仕掛けなのである。それはもう生の姿ではなく、生のなかに居座り、生の真似をしている機械の自動作用なのだ」。

これに関連して、ベルクソンは「反復」を笑いを生み出す要素の一つに挙げている。これは「皿屋敷」の（そして『お菊の皿』の）お菊そのものだ。毎晩、定時になると井戸から現れ、飽きるこ

図2-2　佐野のお化け屋敷のカラクリ人形（写真提供：朝日新聞社）

となく皿を数えては、九枚にいたったところで泣きだすお菊の言動には、まさにベルクソンがいうところの反復の法則性がある。お菊は「自動的に作動する機械仕掛け」なのだ。「井戸からの出現」「皿数え」という同一のモチーフから、怪談と笑い話の両方が生み出されうるのである。

これはお菊だけでなく、古典的な幽霊の多くに当てはまる。幽霊のいでたちと動作の型――経帷子に天冠（頭につける白い三角の布）、髪を振り乱して両手をだらりと垂らし、「うらめしや〜」と男に迫る――は、まさに機械仕掛けの人形である。娯楽施設のお化け屋敷には幽霊のカラクリ人形が置かれているが、それは恐怖も笑いももたらす。幽霊のカラクリ人形化は、怪談にも笑い話にも振れるのである。

## 2　怪談の型と、型が生む笑い話

怪談には型がある。型は怪談を怪談たらしめる恐怖心を喚起することもあるが、逆に、型が怪談を殺すこともある。怪談の聞き手は型どおりの展開を欲しながらも、一方ではそれを拒む。いまどき、経帷子を着て井戸から出てくる女性の幽霊など失笑ものだが、それを現代風にアレンジすれば絶大な効果を生むことがある。映画『リング』（監督：中田秀夫、一九九八年）の白いワンピースを着て井戸から這い出てくる貞子は、「皿屋敷」のお菊さんを現代的にアレンジした姿だと捉えられる。

さて、一口に怪談の型といっても、①ストーリーの型（話型）、②行動の型、③容姿の型の三種類があり、それぞれが密接に関わり合っている。そしていずれの型も恐怖心を生むもとだが、半面、そこから笑いに転じる可能性もはらんでいる。怪談にとっての型は、諸刃の剣だといえるだろう。[10]

一つ目のストーリーの型とは、例えば、先に述べた西部劇や時代劇などのように、お決まりの展開のことである。繰り返しになるが、型を外せば容易にパロディーを作れるし、また、型を忠実になぞっても、その陳腐さゆえに笑いを生む。ラブロマンスや悲劇などにも定まった型があるから、ときとして笑いが生まれる（ラブコメ、悲喜劇）。

私自身の経験をいえば、以前、『撰集抄』（十三世紀半ばごろ）を読んでいて笑いが止まらなくなったことがある。平安時代末期の仏教説話集で、高徳の僧侶のエピソードが百二十一話も掲載されているのだが、似た話の連続なので笑えてくるのだ。何しろ出てくる人物、出てくる人物、次から次へと世を儚んで出家し、山中に粗末な庵を結んで西を向いて死ぬのだから（西方浄土の思想）。著者に笑わせる意図はなくとも、数の多さが笑いを生む例である。

ラフカディオ・ハーンの怪談「むじな」（昔話では「こんな顔」という話型名）の繰り返し現れて主人公を追い詰めていく妖怪（のっぺらぼう）も、二度目三度目ぐらいまでは怖いかもしれないが、繰り返しの度が過ぎると滑稽味が生まれる。実際、『日本昔話大成』では、この話を「笑話」に分類している。

二つ目の行動の型とは、登場人物の行動にお決まりのパターンがあることだ。西部劇や時代劇の登場人物のお決まりの行動パターン（台詞回しも含まれる）は人間から生の証しを奪い、カラクリ人形化を促すものであり、笑いにつながる場合がある。むろん、登場人物の行動が物語を紡いでいくのであるから、行動の型はストーリーの型とも関連する。

例えば、『妖怪シェアハウス』の第一話にこんなシーンがある。主人公・澪を振り回していた元カレが、岩に追い詰められる場面での元カレのセリフ――男「てか、すげー重いんだよー！「男に尽くしてる自分」押し出してきて、ウゼーんだよー。お前なんて二番目以下。結婚、結婚ってマジ無理だから。殺されても無理。お前のそういうところが、むっちゃキショイんだよ！」――のあと、ショックを受けた岩は「死にたい……」と嘆く（澪に「もう死んでるんじゃ……」と突っ込まれる）。

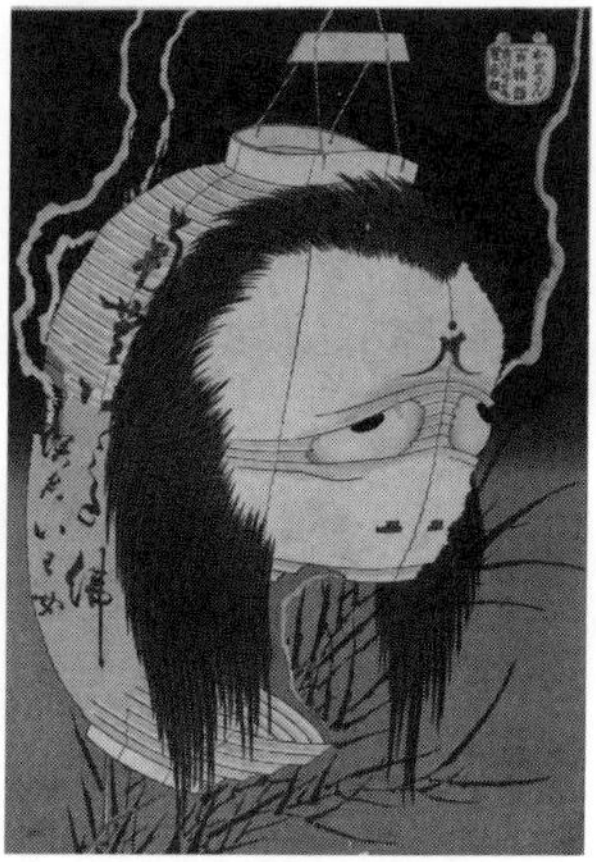

図2-3　葛飾北斎『百物語　お岩さん』（東京国立博物館蔵、Image: TNM Image Archives）

男への恨みという一念に凝り固まったあげくに行動の型にはまってカラクリ人形と化しているのは、本家の『東海道四谷怪談』（鶴屋南北、一八二五年）のお岩と同じである。南北が描いたお岩も、これでもかこれでもかと執拗に仇の男（民谷伊右衛門）を追いかけ回すのだが、いささか度が過ぎていて、ギャグ寸前のところにきている。

　この点は『お菊の皿』のお菊も同じで、無限に繰り返される「井戸からの出現」と「皿数え」という行動が笑いを生む。『妖怪シェアハウス』のお菊も、職業病で、台所の皿を見ると数え始めるが、これもカラクリ人形化である。思えば、何代にもわたって祟り続ける「累が淵」の累《かさね》も、夜ごと男のもとに通い続ける「牡丹灯籠」のお露も、その行動はパターンの繰り返しであり、笑いに転ずる要素はある。お菊、お岩、累、お露……みな、もとは生き生きとした感情をもつ人間だったわけだが、幽霊になって妄執に取りつかれた結果、感情が固定化されてしまったのだ。このこわばりが笑いのもとである。

　三つ目の容姿の型は文字どおりの意味だ。鹿撃ち帽にトレンチコートのいかにも探偵らしい探偵が出てきてパイプをふかしたり、ほっかむりをしたいかにも泥棒らしい泥棒が出てきて屋根に跳び上がったりしたら、どんなシリアスなドラマでもコメディーになってしまう。こうした記号をまとった登場人物（ストックキャラクター）は説明不要で便利なのだが、度を過ぎると、やはりカラクリ人形になる。

お岩の崩れた顔、お露のカランコロンという下駄の音など、ポピュラーな幽霊には、一目でそれとわかる特徴があった。留意すべきは、容姿の型とはキャラクターとキャラを成り立たせるものであり、物語から切り離されても存在しうる点で、これは萌え要素へともつながる。[11][12]

以上、幽霊の例を挙げてきたが、妖怪の型も、ストーリーの型、行動の型、容姿の型の三つに要約できる。そしてその型で妖怪がキャラ立ちし、ときに滑稽な存在になったり、かわいらしいマスコットになったりするのも幽霊の場合と同じである。

欧米に目を転ずれば、ドラキュラや狼男、フランケンシュタインの怪物なども一目でわかる外見的な特徴があり、やはり笑いを生みやすい。そのほか、ミイラ男、半魚人、ジェイソン、フレディなどのムービーモンスターたちはいずれも特徴的な容姿をしていて、やはり笑いを生む場合がある。オリジナルなモンスターを生み出すには、何よりも型を創出することである。そして、それが笑いの要素にもなる。

ものまねという芸が成り立つのも、型が存在するからである。ただし、ものまねとパロディーは同じではないということには注意が必要である。最初からパロディーを含んだものまね（対象になる人物の言動を誇張したもの）も多いが、その人物の言動を忠実になぞっただけのものまねもある。そしてそうした忠実なものまねであっても、まさに忠実であるがゆえに、笑いを生むのである。

ものまねはしばしば子どもの「ごっこ遊び」に転じる。ロジェ・カイヨワによる「遊び」の四分類でいえば、ミミクリ（模倣）がそれにあたる。[13]

## 3 新説・鬼ごっこ

ごっこ遊びのなかで最もポピュラーなものといえば「鬼ごっこ」(「鬼遊び」とも)だろう。ルールが単純なため、いつの時代でも、どの民族にもみられる遊びである。[14]

かねてから気になっているのだが、鬼ごっこの「鬼」は日本語の鬼《オニ》ではなくて、中国語の鬼《グェイ》のことではないだろうか。中国語の「鬼」は、狭義には日本語の「幽霊」の意味で、広義には日本語の「妖怪」の意味だが、私がいうのは狭義の「鬼」のほうである。鬼ごっこは台湾の怪談に多い「替《ティー》死鬼《スーグェイ》」と発想が似ているのだ。

替死鬼とは、こういうことだ——不慮の事故や事件で死んだ人の霊が、成仏できず鬼になってその場所に残り続け(いわゆる地縛霊)、たまたま、そこを通りかかった人に襲いかかり、命を奪う。命を奪った鬼は成仏できるが、奪われた人の霊はその場に残って鬼になり、次に通りかかる人を襲う——この繰り返しによって、呪われた場所が生じる。山中や廃屋など、どこにでも替死鬼は起こりうるが、とくに多いのが川や池などの水辺である。

台湾では、水死した人の幽霊=鬼を「水鬼《シュエグェイ》」という。意訳すれば「水辺の地縛霊」になるが、これも替死鬼の一種だ。[15] 日本統治時代に刊行された片岡巖『台湾風俗誌』には「台湾人の怪談鬼話」の一つとして水鬼の記事が載っている。以下に引用する。

図2-4　渓斎英泉『仮名手本忠臣蔵 七段目』（東京都江戸東京博物館蔵、画像提供：東京都江戸東京博物館／DNPartcom）

或人台北下崁庄の河岸より徒歩にて河を渉り行くものあり、中途にして声を揚げて救ひを呼ぶ、遇々傍らに耕人あり、走つて之を救ふ、彼人曰く「道路と見誤まりて河の深処に歩み行きたるものなり」と云ふ、人曰く「之れ水鬼の誘ふ所なり」と、蓋し水鬼とは水難にて死せしものゝ魂魄にして、水中に潜んで人を誘ひ溺れしむるものなりと云ふ[16]

水鬼が人を襲う動機は自らが成仏するためで、日本の地縛霊とはその点が異なる。日本にもこうした呪われた場所にまつわる怪談は多いが、地縛霊がなぜ人を襲うのか、理由は説明されないことが多い。仮に理由が説明されたとしても、成仏するためという例は――七人ミサキのような例はあるものの――少ない。

鬼ごっこの由来には諸説ある。柳田國男は「今はもう殆ど子供の遊びになってしまったオニゴト（鬼事）は、元は神の功績を称える演劇であったのを、面白いので子供が真似して、あんな零落した形で持ち伝えたのであった」(17)とし、「メクラオニ（盲鬼）やカクレンバウ（隠坊）」も、以前は神事だったものを子どもがまねたと推測している。

柳田説も魅力的だが、私は、中華圏の替死鬼の発想がいつのころか日本に伝わり変化したものが鬼ごっこなのではないかと考えている。それがいつのことかはわからないが、さほど古いことではないと思う。さかのぼっても江戸時代ぐらいか。鬼に捕まった者が新たな鬼になり、次の獲物を狙うという入れ替わりの発想がよく似ているのだ。異なるのは、鬼ごっこの鬼は人を捕まえたら人間に戻る点だが、これも成仏後の転生と考えれば辻褄が合う。

実際、替死鬼を模したごっこ遊びが百年前の台湾でおこなわれていた。『台湾風俗誌』の「台湾児童の遊戯」の項に載っている「住水鬼《テアムツイグイ》」という遊びの記事がそれだ。次に引用する。

> 住水鬼は中央に一大河ありと仮定し、線にて河幅を画し、「ヂャンケン」にて鬼を定め、鬼は河の中央に彳み人の来るを待つ、他の児童は両岸に立ちて鬼の隙を窺ひ、入り乱れて対岸に走り渡る、此の時鬼は其の走り行くを追ひ捕へ得れば、捕へられたるもの代りて鬼となる、而して河を渡らんとするとき各々左の如く唱ふ
>
> 水鬼父仔《ツイクイペエアア》。擯摧洗脚帛《ピイポンソエカアペエ》　河童《カッパ》の叔父さんがば〱御洗濯(18)

「鬼は其の走り行くを追ひ捕へ得れば、捕へられたるもの代りて鬼となる」という点が、日本の鬼

ごっこと同じである。日本の鬼ごっこは江戸時代からあるので、これが由来とは思わないが、それより古い時代に、中華圏の替死鬼の観念が伝わった可能性はあるだろう。

住水鬼では、捕まるたびに鬼が入れ替わる。これは日本の鬼ごっこと同じだが、もう一点、水鬼という設定ならではのルールがあった。「中央に一大河ありと仮定し、線にて河幅を画し」「鬼は河の中央にイみ人の来るを待つ」——すなわち、水鬼は川から出られないのだ。水鬼は怖い。捕まったら自分も水鬼になってしまう。でも、水鬼は水から出られないので、陸に上がってしまえば安全

図2-5　月岡芳年『新形三十六怪撰 皿やしき於菊の霊』（東京都立図書館蔵）

だ――こうした伝承が、遊びのルールを生んだ。

日本の鬼ごっこにもルールを設けているケースがある。[19] 私が記憶しているのは、「高鬼」（鬼は高いところに上がれない）、「色鬼」（鬼は特定の色に近寄れない）などだが、地域によって細かな違いがある。これらの遊びでは鬼の行動に一定の制限を設けることによって、通常の鬼ごっこよりゲーム性が高くなっている。一方、「氷鬼」といって、鬼にふれられたら動けなくなるという遊びもあった。これは逃げるほうの行動に制限を設けた例である。

思えば、『お菊の皿』のお菊と若者たちも一定のルールにもとづいた遊びに興じていた。皿数えを最後まで聞いたら死ぬというのであれば、数え終わる前に逃げればいい。『お菊の皿』とは、人と幽霊との共犯関係によって成り立つ話と言える。その共犯関係＝遊びは、繰り返しのなかから生じたものである。

『お菊の皿』にはこのルールを笑いに転じた箇所がある。肝試しに向かう前、若者の一人が「（お菊が）ごま～い、ろくま～いって（ゆっくり）数えたあと、（急に早口になって）ななまい！　はちまい！って数えだしたらどうすんだよぉ」と、怖がる場面がそれだ。お菊が一定のスピードで皿を数えるというルールがあるから、この遊びは成り立つ。最初に若者たちが井戸から現れるお菊を見たときは、純粋に恐怖を感じただろう。それがルールにもとづいた遊びを繰り返しているうちに、やがて惰性になって恐怖心は薄れていき、お菊の美貌に対する興味が湧き、お菊のほうも若者たちの期待に応えるようになった。しかし、落ちの直前の若者たちが本気で怖がっているように、お菊との共犯関係は、危うい一線をもって保たれているものでもあった。

# 4　ゾンビと遊ぶ、ゾンビを笑う、ゾンビに微笑む

替死鬼の怖さは、ただ命を奪われることにあるのではない。殺されたのち、自分が鬼になって、人々を襲う側になる点が怖いのだ。自分が自分ではない異形の何かになり、親しい者たちを襲う側に回ってしまう怖さである。反対に、家族や恋人、友人知己など、自分が親しくしていた人たちが鬼になって襲いかかってくる怖さ、切なさもある。

こう書いていておのずと連想されるのは、昨今流行のゾンビ映画のことである。私はグロいのが苦手なので、ゾンビものの作品はあまり見ないが、肉体がない魂＝幽霊と、魂がない肉体＝ゾンビの対比は面白い。魂とは何かという問いにもなるし、ゾンビとの比較から人間とは何かという問いも生まれる。また、隠喩としてゾンビが用いられることから時代批評も可能だ。魅力的なテーマではあるものの、すでにゾンビ研究は活況を呈していて[20]、私の出る幕はなかろう……と思っていたが、怪談と笑い話の関係を考えるのに適切なので、少しだけ取り上げてみたい。

創作作品のゾンビの行動や容姿には定まった型がある。福田安佐子は、ゾンビの型を次の四点にまとめている――①ノロノロと動く、②身体が腐敗している、③人間に襲いかかり、感染する、④理性がなく、言葉を話せない[21]。これで、大体、大衆文化のなかのゾンビ表象の最大公約数になっているだろう。

これらのゾンビの行動の型・容姿の型は、ストーリーの型にも関係してくる。例えば、小原文衛は、ゾンビ映画・ドラマの共通項として「追跡」と「籠城」のモチーフを挙げている。この両モチーフをつなげれば、一つのストーリーが生まれる。すなわち、ゾンビたちに追跡された主人公が、追い詰められたあげくに、ショッピングモールなどの閉鎖空間に籠城するというストーリーである。[22]

ゾンビ映画のパロディーは、早い時期から創られている。「皿屋敷」のお菊がそうだったように、ゾンビの行動や容姿、作品のストーリー展開に型があるからだろう。ベルクソンの笑い論の一節――「それはもう生の姿ではなく、生のなかに居座り、生の真似をしている機械の自動作用なのだ」を、ゾンビほど見事に体現している例はない。ゾンビは笑われるべくして笑われるようになったのである。

だから、一連のゾンビの特徴は、ごっこ遊びに転じる可能性を秘めている。[23] ゾンビは怖いが、動きがのろいので、気をつけていれば襲撃を回避できる。また、ゾンビは群れるとたちが悪いが、単体ではそれほど強いわけではない。むしろ人間より脆い存在だともいえる。作品によっては、頭をつぶせばよみがえらないという弱点が設定されている場合もある。こうした点はおのずとゲームのルールに通じていて、ゾンビごっこが生まれるもとになった。[24] 水鬼が遊びの対象になったのと同じである。実際、ネットで検索してみると、すでに「ゾンビ鬼」なる遊びが生じていた。ゾンビとゲームの親和性もここに起因するのだろう。『バイオハザード』（カプコン、一九九六年）が登場したのは必然的なことだった。

こうした型があるため、最近の映画での新しいゾンビ表象――「走るゾンビ」「意思があるゾンビ」「話すゾンビ」「武器を用いるゾンビ」など――には違和感を覚えるマニアも多い。違和感の理由を煎じ詰めれば、ゾンビ映画に特有のルール（ゾンビごっこのルールでもある）を逸脱していることへの不満である。

さて、先ほど「ゾンビは笑われるべくして笑われるようになった」と書いた。それでは、この場合の笑いとは、どのような感情だろうか。少し考えてみたい。

日本で笑いの研究といえば、柳田國男の仕事が挙げられる。(25) 柳田の笑い論の秀逸なところは、「笑」という漢字（中国語）が当てられる以前の和語「ワラウ」「エム」に注目した点である。ワラウとエムは、本来、異なる意味の日本語だったが、「笑う」「笑む」と同じ漢字を当てられたため、混同されるようになった（エムという語は現在では「微笑《ほほえ》む」という動詞で残存している(26)）。

それでは、この二つの動詞の本来の意味は何だったのか。動作の面からみると、ワラウは声を伴い、エムは伴わない点が異なるが（「声を立てて笑う」とはいうが、「声を立てて微笑む」とはいわない）、心情面でも大いに異なっていた。柳田の言葉を引用すると――「［ワラウは：引用者注］口を開くにしても大きくあけ、やさしい気持ちを伴なはぬもの、結果がどうなるかを考へぬか、又は寧ろ悪い結果を承知したものとも考へられる。従って、笑はれる相手のある時には不快の感を与へるものときまって居る。エムには如何なる場合にもさういふことが無い(27)」。

つまり、ワラウは他者に対して攻撃的で、エムは親和的なのである。人は他者の失敗をワラウ（あざ笑う・せせら笑う）。この場合、笑われる者と笑う者のあいだには心情的な断絶があり、また上下関係が生じる。一方、親しい人が目の前に現れたとき、かわいらしい子どもや動物を見たときには、自然と口角が上がってエムのである。

ゾンビに対する笑いは、明らかに前者である。人がゾンビをワラウとき、そこにエムの親和性はない。ただ、ワラウの断絶と攻撃性だけがある。ゾンビのスローモーでぎくしゃくとした動きを、うつろな表情を、人はワラウ。ゾンビは人にとって絶対的に相いれない他者である……はずだった。[28]

しかし、最近の一部の作品にみられる「かわいいゾンビ」に対して人が抱く感情は、明らかに攻撃的なワラウではなく、親しみを込めたエムである。また、『お菊の皿』のお菊も『妖怪シェアハウス』の岩とお菊もエム対象になっていた。

どうして、人々はお菊やゾンビに親しみをもち、エムようになったのか。別に一考を要する問題だが、私は、お菊もゾンビもキャラクターとして確立して、物語から切り離されたからだと考えている。物語から切り離されることは萌え化の第一歩でもある。「萌え」とは細部の肥大化、物語からの乖離によって発生するものだからだ。そして萌え要素はしばしば、グロテスクなものとしても表象される。怪談と笑い話、かわいいとグロテスクは、不即不離の関係にあるのである。[29]

## おわりに――怪談は笑いから逃れられるか

以上、型をキーワードに、怪談と笑い話の関係、そして幽霊・妖怪の萌え化の問題について考えてきた。しかし、論の過程でふれたように、型が笑いを生むのは怪談ばかりではない。悲話でも美談でも、仕掛けがある話には型となじみ深いものが多く、しばしば笑いを誘うようになり、あげくの果てに笑い話化することがある。

それは怪談の話し手にとっては失敗以外の何ものでもない。しかしながら、笑い話の話し手にとっては成功ということになる。前者は失敗した怪談で、後者は笑い話である。

ここから怪談は型から逃れられるか、という問いが浮かび上がってくる。それはとりもなおさず、怪談は笑い話化から逃れられるか、という問いでもある。伝統的な怪談が型をもっているがために笑い話化しやすいのは述べてきたとおり。現代怪談でもストーリーや怪異主体（妖怪・幽霊など）の行動、容姿に型があるケースでは笑い話化の可能性を秘めている。笑い話化の可能性が低いのは型への指向性が低い実話怪談だが、それでも型から逃れきれてはいない（実話怪談と型の関係については、第8章「怪異は、解釈されたがる——実話怪談集『新耳袋』」を参照）。

この問いの答えを考える鍵は、笑い話の怪談化という逆ルートを想定できるか、という点にある。確かに怪談の型は笑いを生むが、そこで生まれる笑いが永続的なものとはかぎらない。笑いが収まった瞬間に、怪談の場に引き戻される場合がある。『妖怪シェアハウス』の岩も菊も『お菊の皿』のお菊も、本質的には怖い。彼女たちが牙をむいたら、一度、エム対象になって親しみを感じていたぶん、余計に怖いはずだ。笑いが消えた瞬間に感じる恐怖心にこそ、至上の怪談を生むもとがあるのではないだろうか。

注

（1）中原弓彦『世界の喜劇人』晶文社、一九七三年。中原弓彦は小林信彦の筆名。
（2）ただし、一口にホラーコメディーといっても、ホラー側に傾いている作品とコメディー側に傾いている作品とがある。また、製作者が意図的にホラーとコメディーの融合を試みた作品と、結果的にそうなった作品とがある点にも注意したい。
（3）細かなことだが、本章では「笑話」ではなく「笑い話」と表記している。『日本昔話大成』では、日本の昔話を「動物昔話」「本格昔話」「笑話」の三つに分類しているので、昔話の一分野としての「笑話」と区別するためである。「笑話」という表記をした場合は、昔話のほうを指すとご理解いただきたい。
（4）以下、『妖怪シェアハウス』の台詞は、脚本によるものではなく、ドラマからの文字起こしである。
（5）目についた『お菊の皿』の活字テクストに以下がある。いずれも題名は「皿屋敷」。三遊亭円生『円生全集』別巻・中、青蛙房、一九六八年、桂米朝『米朝上方落語選』立風書房、一九七〇年
（6）延広真治「『滑稽集』――文化四年のネタ帳」、伝統芸術の会編、永井啓夫編集『大衆芸能』（「伝統と現代」第八巻）所収、学芸書林、一九六九年（初出：資料紹介「滑稽集」「川柳しなの」一九六八年三月号、しなの川柳社）
（7）武藤禎夫『落語三百題――落語の戸籍調べ』上、東京堂出版、一九六九年
（8）鷲尾順敬「落語三十三題」、鷲尾順敬編『文芸部』上（国文東方仏教叢書）所収、国文東方仏教叢書刊行会、一九二六年
（9）ベルクソンの『笑い』は、林達夫による翻訳（〔岩波文庫〕、岩波書店、一九七六年）が有名だが、

本章では、原章二による翻訳を用いた。同書は、ベルクソンの『笑い』とフロイトの『不気味なもの』を比較して「笑い」と「恐怖」との接点を論じたジャン・リュック・ジリボンの論考「不気味な笑い」の翻訳で、本書のテーマとも関連が深い。アンリ・ベルクソン／ジークムント・フロイト『笑い／不気味なもの——付：ジリボン「不気味な笑い」』原章二訳（平凡社ライブラリー）、平凡社、二〇一六年

(10) この怪談の型のタイプ分けは、怪異怪談研究会の例会（二〇一九年八月二十九日）での発表の質疑応答の際の横山泰子氏からのご指摘を受けて考案したものである。ちなみに、当日の私の発表題目は「幽霊に萌える、怪異で遊ぶ——落語「お菊の皿」をめぐって」だった。

(11) 語の本義はさておき、世間一般の用例をみるかぎり、「キャラ」は人の性格・性質の特徴に名づけをしたもので、「キャラクター」はキャラによって立ち現れる個性ある登場人物を指すことが多いようだ。両者の関係については、以下の著作に詳しい。瀬沼文彰『キャラ論』Studio Cello、二〇〇七年

(12)「萌え」の定義については諸説あるが、私は「細部が肥大化して、全体を遮蔽すること」と捉えるのが適切だと思っている。本文でもふれるように、それは「物語からの離脱」を指向する。例えば「眼鏡キャラ」の場合、そのキャラクターを成り立たせている特徴の一つである「眼鏡をかけている」ことが、その人物像全体を覆い尽くしている。「萌え」については、以下の著作に詳しい。東浩紀『動物化するポストモダン——オタクから見た日本社会』（講談社現代新書）、講談社、二〇〇一年、本田透『萌える男』（ちくま新書）、筑摩書房、二〇〇五年

(13) ロジェ・カイヨワ『遊びと人間』多田道太郎／塚崎幹夫訳（講談社学術文庫）、講談社、一九九〇年（原著：一九五八年）

(14) 日本の鬼ごっこの分類については、以下の論考がある。本田幸は加古里子の著作（加古里子『鬼遊び考』〔「伝承遊び考」第三巻〕、小峰書店、二〇〇八年）をもとに、鬼ごっこを六種類に分類している。この分類にのっとるならば、台湾の「住水鬼」は「場所遊び場活用型」になる。本田幸「伝承遊び「鬼遊び」についての考察――加古里子著『鬼遊び考』から」、横浜女子短期大学研究紀要編集委員会編「横浜女子短期大学研究紀要」第二十七号、横浜女子短期大学、二〇一二年

(15) 澤田瑞穂によれば、替死鬼は中国古典に事例が多く、「鬼求代」「鬼討替」「鬼索替」「替身」などと呼ばれるという（澤田は「替死鬼」という語は用いていない）。水鬼のほかに多いのは縊鬼（首吊りをして死んだ者の幽霊）で、この両者で大半を占めるという。台湾に住んでいたころ、私が聞いた怪談に登場するのも、水鬼と縊鬼が多かった。澤田瑞穂『鬼趣談義』国書刊行会、一九七六年。私が読んだのは一九九〇年に平河出版社から刊行された復刻版『修訂 鬼趣談義――中国幽鬼の世界』。

(16) 片岡巌『台湾風俗誌』台湾日日新報社、一九二一年。同書は一九九四年に南天書局（台湾）から復刻版が出ている。

(17) 前掲『郷土生活の研究法』

(18) 前掲『台湾風俗誌』

(19) 加古の調査によると、日本の鬼ごっこは基本形が五百種類以上あり、分類の仕方によっては二千種類に達するという。また、人と鬼の入れ替わりのルールがないケースもある。前掲『鬼遊び考』

(20) 岡本健『ゾンビ学』人文書院、二〇一七年、伊藤慎吾／中村正明『〈生ける屍〉の表象文化史――死霊・骸骨・ゾンビ』青土社、二〇一九年

(21) 福田安佐子「ゾンビ映画史再考」、京都大学大学院人間・環境学研究科編「人間・環境学」第二十五巻、京都大学大学院人間・環境学研究科、二〇一六年

(22) 小原文衛「ゾンビの詩学——〈追跡〉と〈籠城〉のモチーフについて」、名古屋大学英文学会編「Ivy」Vol.49、名古屋大学英文学会、二〇一六年

(23) かこさとし・永田栄一の以下の著作では、鬼遊び（鬼ごっこ）を「「走る・逃げる」の遊びであること、単純で明快な遊び方・ルールであること、特別の場所や用具を必要としないふつうの所でよいことが主軸になって成立した遊び」と定義づけているが、これはそのまま、ゾンビ映画の基本パターンでもある。かこさとし／永田栄一『鬼遊び——日本の子どもの遊び』青木書店、一九八六年

(24) 大田才次郎が編集した『日本全国児童遊戯法』上（博文館、一九〇一年）に次の記事がある。ここで報告された「溜鬼」のルールは、のちのゾンビ映画にみられるルールに類したものだった。「鬼事は普通一人の鬼を定め、他の者は逃げ去るを鬼追うてこれを捕うれば、その者代りて鬼となるなり。されど「溜鬼」とて、捕えられたる者は捕えたる鬼と代らず、共に鬼となりた他の者を追い、随って捕うれば随って鬼となし、総員鬼となるまで継続するもあり」。以上の引用は、以下の復刻本によった。大田才次郎編、瀬田貞二解説『日本児童遊戯集』（東洋文庫）、平凡社、一九六八年

(25) 柳田國男『笑の本願』養徳社、一九四七年、同『不幸なる芸術』筑摩書房、一九五三年

(26) 三浦祐之は、柳田の「笑い」論を受け、ワラウでもエムでもない、古語「エラク」（興奮状態になったときの感情を指す言葉）を用いて日本神話を分析する興味深い論考を発表している。三浦佑之『神話と歴史叙述』（「古代文学研究叢書」第一巻）、若草書房、一九九八年。本章で参照したのは、二〇二〇年に講談社学術文庫から刊行された改訂版（講談社）。

(27) 前掲『笑の本願』

(28) こうした笑われる（笑わせる）ゾンビは「ヲコ（烏滸）」と呼ばれるべき存在である。三浦祐之は、ヲコを「積極的に笑われ者になることによって自らを貶め、相手を優位にみちびくことで相手を和ら

げてしまう」存在だとしている。ゾンビ自身が笑われ者になろうとしたわけではないが、結果的にヲコなる存在になったことが、本文でいう「かわいいゾンビ」の登場の呼び水になったといえる。前掲『神話と歴史叙述』

(29)「きもちわるい」と「かわいい」を掛け合わせた「きもかわいい」という新語は、この感情をよく表している。この点については、四方田犬彦の以下の著作を参照。四方田犬彦『「かわいい」論』(ちくま新書)、筑摩書房、二〇〇六年

## コラム2　笑い話「牛の首」

小松左京の短篇小説「牛の首」（一九六六年）、本書の読者ならご存じの方が多いだろうからネタバレすると、こんな内容だ――怪談好きの男がいた。ある日、「牛の首」という怪談があることを知った男はその話を探して回るが、誰も彼も「あんな恐ろしい話は聞いたことがない」と言うばかりで、内容を教えてくれない。やがて男は、その話の内容を知る者が誰もいないことに気がつく。そう、みんな「あんな恐ろしい話は聞いたことがない」のだ。だから「牛の首」という話のタイトルだけが伝わっている――。

小松本人が記すところによると、元ネタは出版界で話されていた小話なのだという。小松の友人には星新一や筒井康隆といったジョーク好きな人たちがいたので、そのあたりで話されていたか、あるいは、編集者とのやりとりのなかで話されていたか。

内容がなく、タイトルだけが伝わっている怪談（「談」といえるのだろうか？）といえば、最近ではネットロア「鮫島事件」や「『ドラえもん』の幻の回「タレント」」などがあるが、「牛の首」はそれらとは少し違う。

「牛の首」は、「こんなおいしいもの、食べたことがない」とか「こんなきれいな景色、見たことがない」といった日本語の言い回しのダブルミーニングを生かした怪談だ。私の母が「うちには、ないものはないよ」と冗談を飛ばしていたのを思い出す。「ないものはない」とは、すなわち「すべてがある」と「ない」の強調表現のダブルミーニングだ。もちろん、ここでは後者の意味。

かねてから思っているのだが、この「牛の首」という話、怪談と思わせておいて、落ちでひっくり返す笑い話が本来の姿だったのではないだろうか。この話が業界小話だったことを思えば、その可能性は否定できないと思う。

昔話に「寝ていて、食べられる話」というのがある。怠け者の男が「寝ていても食べられる方法はないものか」と思案していると、ある人に「それなら、どこそこの山へ行け」と言われる。それで、男がその山に行って寝ていると、狼が来て食べられてしまう。文字どおり、「寝ていて食べられ」たのだ——日本語の「食べられる」には、可能の意味「食べることができる（＝生活できる）」と、受け身の意味「捕食される」があることから生まれた笑い話である。「牛の首」もこの系列の話だったのではないか。

そう考えると、「牛の首」は漫才にもなりそうだ、こんなふうに。

「……で、結局んところ、「牛の首」って何やねん？」

「知らん。せやさかい、言うとるやないか、「こんな怖い話、聞いたことない」って」

「何や、しょーもない。ええかげんにせい。どうもありがとうございましたー」

# 第3章

# 逆立ちする狐狸狢

## ——猥談「下の口の歯」など

### はじめに——猥談論の射程

いわゆる「猥談」とは、性にまつわる内容を主眼とする話である。世界的にみられるジャンルで、歴史も古い。わが国でも古典作品からいくらでも例を拾える。しかし、口承文芸研究の分野では、猥談研究の専門家というのは、まだいないようだ。

柳田民俗学に欠けているのは性の話題だとされる。その理由として柳田の貴族趣味を挙げる人は、個人的嗜好から民俗学のテーマであるべき性の話題をタブー視したことを批判する。その文脈で、南方熊楠、宮本常一、赤松啓介らの仕事が見直されるようになった。(1)一方、イロモノ扱いされがちだった初期の民俗学で性の話題にふれなかったのは戦略的にみて賢明だったと、柳田を擁護する意見もある。

私は、柳田が一概に性をタブー視したとはいえないと思っている。性の定義にもよるが、婚姻・出産にまつわる著作ならば柳田にもある。確かに、露骨なセックスの話題はみられないが、柳田を神格化せず一人の研究者としてみた場合、足りない面があるのは当然で、それは後学が補えばいい。口承文芸研究でも、プロパーはいないものの、猥談を扱った論文が皆無というわけではない(2)。

猥談は笑い話の一種として取り上げられることが多い。天岩戸神話の神々が、桶の上で踊るアメノウズメの乱れた胸元や裾を見て笑い転げたことからもわかるように、裸体や性器は笑いに結び付きやすい。説話のジャンル名として「艶笑譚」なる語が生まれたのもここに起因するのだろう。

また、厳密にいえば異なるジャンルだと思うが、下半身に関する話題ということで、猥談は「糞尿譚」とも結び付きやすい。裸体や性器と同じく排泄物も笑いの対象で、こちらも歴史は古く、神話や伝説、昔話にも例が多い。この章では、猥談に加えて糞尿譚にも言及する。

そして、怪談と猥談が結び付いた例も少なからずある。一昔前の怪談の定番といえば、幽霊の女と人間の男とによって繰り広げられる情念の物語だったが、それはエロティシズムを伴うもので、ここに猥談の要素が入り込む余地があった。

猥談を研究する意義は、性が人間にとって普遍的な営みだからということだけではなく、話し手と聞き手の関係性が顕著に表れる点にある。もっとも、何をもって卑猥とみなすかというのは相対的なもので、地域や時代によって異なる。これから取り上げる話も、もともとは猥談ではなかった可能性が高い。

以下、狐狸《こり》狢《むじな》に化かされた話を中心に、怪談、猥談、笑い話の三題噺をしてみたい。

## 1　股のぞき、袖のぞき、逆立ち

初めに、「たわらがた」という妙な名の雑誌に載っている廣田龍平のモズマ論が面白かったので、紹介しておこう。モズマとは、体の内外を反転させたイギリスの妖怪で、内臓が露出したグロテスクな姿で描かれるが（実際にそんな伝承があるのかは知らない）、廣田はここにアニミズムの世界観を読み取る。いわく、「モズマとは身体反転の純粋形態[3]」である、と。人間と、動物・死者・精霊などは、霊魂は共通していても肉体が異なるために交流できない。身体を裏返せば異界の住人と交流できるようになるが、それは無理な話。こちらの世界に身を置いたまま、あちらへ行く（異界とつながる）方法はないものか[4]。

その方法として、廣田は「股のぞき」を挙げる。左右の足を広げて立ち、上体を前屈させ、両腿のあいだから後方を見るしぐさである。常光徹はこれを「異界を覗き見るしぐさ[5]」として考察したが、廣田はさらに一歩進めて、「化かされた状態に抗して、失われたヒトとしてのパースペクティヴを回復するための方法」が股のぞきと袖のぞき（袂越しに向こうを見る行為）ではないかとしている。このあとに書かれた論文で、廣田はさらに考察を深め、股のぞきで反転するパターンに生者／死者、人間／異類、現在／未来などがあるとしている[6]。常光が漠然と「異界」と呼んでいた対象を

図3-1　『諸国百物語』から「逆立ち幽霊」（東京国立博物館蔵、Image: TNM Image Archives）

捉え直したといえる。

異界との往還方法として股のぞきを挙げるのに異存はないが、よりふさわしいのは、逆立ちだろう。あるいは、逆立ちの代替行為として股のぞきがあるのではないか。さらにいえば、股のぞきを簡略にしたのが袖のぞきだともいえる。

ここで思い浮かぶのが、「逆立ちをする幽霊」のことである。江戸の歌舞伎役者は幽霊を演じるときにしばしば逆立ちをし、戯作の挿絵には逆立ちをした幽霊が描かれた。現在ではあまり見ない幽霊表象だが、かつては逆立ち幽霊は珍しいものではなかった。遊園地のお化け屋敷で幽霊の人形が逆さまに吊り下がるのは、逆立ち幽霊の名残だろう。

逆立ち幽霊については、古くは松田修が「さかさまなるものに霊異の力を認めることは、おそらく日本の伝統的発想なのである」と述べ、信多純一も、逆立ち幽霊は「非業の死を遂げた亡者」で「その死にざまが、井や川に逆様に沈められた姿」だとしている。最近では、日沖敦子もこの問題について発言をしている。[7]しかし、このテーマについては服部幸雄の右に出る者はいない。服部は、地獄の責め苦を受けたり成仏できずにいる死者が逆立ち幽霊だとし、そこに「反秩序、反体制の有効な武器」[8]を見いだしている。なお、沖縄の怪談にも逆立ち幽霊は出てくるし、[9]アイヌが死後に行くのも逆さまの世界だとされる。[10]

逆立ちをするのではなく、後ろ向きに迫ってくる幽霊の話もある。桃中軒雲衛門という浪曲師の妾が見た幽霊は、夜、枕元の襖を開けて、後ろ向きに入ってきたという。[11]発想の源は同じで、身体を反転させている。

葬儀のときの逆さ事も、この発想によるのだろう。故人の枕元に屛風を逆さに立てたり、衣裳を左前に着せたり、水に湯を入れたりする習俗である。私の親族の葬儀では、湯灌のときや食事のときに、柄杓や杓文字を逆さに（手の甲を反転させて）使っていた。[12]このように、生者にとっての死者と、死者にとっての生者は、お互いに反世界に属するものだった。その表象が逆立ちである。

ここで話題を、動物が人を化かす話にスライドさせてみよう。死者と同様、動物もまた、人とは異なる世界を生きていて、それはしばしば反世界として表象される（以下、狸や狢や獺《かわうそ》の例も含めて

図3-2　鳥山石燕『画図百鬼夜行』から「狐火」（国立国会図書館蔵）

「妖狐譚」と総称する）。

化かされた状態の人はあちら側の（こちらから見れば逆さまの）世界に片足を踏み入れてしまっているので、身体を反転させる（逆立ち、股のぞき、袖のぞき）と、異界が異界として認識され、正気に返る（こちら側に戻る）。ということは、動物に化かされている最中の人は、上下が逆さまになっていることになる。

大阪府枚方市の話では、狸に憑かれた男が正気に返るときに逆立ちをしている[13]。このケースでは、正気に返った男には化かされていた最中の記憶がなかった。これはそのほかの妖狐譚にも当てはまり、大体、化かされている最中の記憶はない。化かされている最中の人は、身はこちらに置きながらも、心は別の世界に行っているのである。また、ごく短い記述だが、千葉県長生郡長柄町の話でも「話者が子どもの頃、近所の友達が狐にとりつかれて、さかだちをやらされた[14]」とある。

動物に化かされている最中の人は逆さまになっている。それならば、人を化かしている最中の動物も、上下逆さまになっているはずだ。実際、そう思わせる例はいくつもある。東京都中野区には、尻尾で戸や雨戸を叩く狐の話が二例、報告されている[15]。話者は狐が逆立ちをしたとは話していないが、状況から考えて体を反転させていたのは間違いない。

奈良県吉野郡吉野町の話では、夜、戸を叩く音がするので開けるが誰もいないということが繰り返され、その後、狸のしわざだとわかったという。引用すると──「狸が戸を叩くんにね、前の方のね、手で叩くんと違てね、戸の所へね、逆様になってね、後足を掛けてね、その足で、トントントントンと叩いとったって。逆立ちして[16]」。

埼玉県戸田市に伝わる話でも、狢が逆立ちをして尻尾で戸を叩いている。その場面を引用すると──「三度目にトントンたたかれた時は、さすがのおばあさんも、こんどは、そーっと格子戸の窓から外をのぞいてみました。するとどうでしょう、ムジナが、器用に逆立ちをして、太いまるいシッポで、戸をトントンとたたいているではありませんか[17]」。

一連の妖狐譚から思い浮かぶのは落語『権兵衛狸』で、やはり狸が尻尾で戸を叩いて、いたずらをしている（後頭部で戸を叩くという話もあるが、これも身体反転である）。伊藤慎吾は、江戸時代の『天文雑説』（十六世紀）に載っている類話を紹介している[18]。

これに関連して述べると、「ニュース和歌山」にも、狢は「神通力を持ち、何にでも化けられ、特に女に化けるのがうまく、男を惑わすが、間が抜けたところもあり、逆立ちしたり枝にぶら下がったりするので、すぐにばれるらしい[19]」という記事がある。なぜ、わざわざ正体がばれるのを承知で「逆立ちしたり枝にぶら下がったりする」のか。実際の狢（穴熊、もしくは狸）にそんな習性はないが、理由はもう言わずもがなだろう。

## 2　炭焼き小屋の怪女

ここから少しずつ話が下がかっていくが、ご容赦いただきたい。愛知県西加茂郡小原村の話――「ある男が山中で大便をすると、後ろから何者かが近づいてきて、それを食べるということが二、三度続いた。そんなときは、決まって前を美しい小さなお坊さんが歩いている。ある日、股の間からのぞくと、後ろで狐が逆立ちして尾をふらふらさせていたという[20]」――股のぞきで正体を見破られた狐が逆立ちしていたのはこれまでの例と同じだが、問題は、なぜ狐は大便を食べたのか、という点だ。次に紹介する話から「逆立ちをする」ことと「大便を食べる」ことに関連があることがわかる。

私が「逆立ちをする狐狸狢」に興味をもつ理由は、以前から気になっているある話の謎を解く鍵があるように思うからだ。別のところで論じた話[21]を蒸し返すのは気が引けるが、ご容赦いただきたい。狢が女に化けて、夜な夜な、男のもとを訪れる話で、一九九四年に、福島県田村郡都路村（現・田村市）で聞いた。話者はSさん（一九一七年生まれ）という当時七十七歳の女性だった。以下に要約する（台詞はSさんの発言のまま）。

図3-3-1　伏見稲荷社の「逆立ち狐」像（撮影：筆者）

図3-3-2　伏見稲荷内・眼力社の「逆立ち狐」像（撮影：筆者）

三人の男が、炭焼きをしていた。そのうち、小屋で寝泊まりをしていた男が、だんだん痩せていく。不審に思った二人が聞くと訊くと、

「何も具合悪いところもねぇが、毎晩、俺んとこさ姐さん来て、泊まんだ」

との答え。これは「狢に馬鹿にしらっちぇんだ」と思った二人が、夜、小屋に行って、のぞいてみると、なかには男がひとりだけいて、ぶつぶつ何かしゃべっている。

二人が「野郎、頭さ来てんかなぁ」と思っていると、狢が入ってくる。どうやら男には、狢が娘に見えるらしい。狢は体を上下逆さにして、男の局部に吸いついていた。

すべてを理解した二人は、男から狢を引きはがして、棒でたたき殺した。驚いたのは、誑かされていた男である。

「何てことした、この人殺し！　人を殺すやつがあっか！」

と、どなりつける男に、二人は言い返す。

「人であっか！　これ見ろ、このザマ見ろ、狢でねぇか！　よく見ろ！」

いつの間にか死体は狢の骸に変わっていた。その後、男は健康を取り戻したという。(22)

狢が女に化けた際、口を女陰に見せかけていたという点がポイントである。Sさんの言葉を文字起こしすると、「狢は潜《むぐ》んだって、女子《おなご》になって。その男には姐《あね》さまに見えんだわ」「頭からズスーッとこっから〔胸元から：引用者注〕潜って入っちゃったぁど。ほうして尻尾のほう、こっちのほ

うさ出して」「その狢は頭から入ってって、その男のシナモノさ喰いついて、姐さまのようになって、脂を吸ってただと」になる。

Sさんからは、これに類した話をもう一話聞いている。以下に要約する。

夜、トウキビを食べながら、炭焼き小屋で働いていた青年がいた。そこへ毎晩、年ごろの娘がやってきて、尻を出してしゃがむ。「行儀の悪い姉さま」だなと思っていると、あるとき、焼けたトウキビが娘のところに跳ねたのを、尻で食べるのを見てしまう。

「これは狢とか狐ってのはこのことか。これは人間でねぇ」と思った青年は、人を連れてきて、その娘を殺すと、やはり正体は狢だった。

娘に化けた狢は、逆さまになって、口を肛門に見せ、肛門を口に見せていたのだ。(23)

最後の部分、Sさんの言葉を文字起こしすると、「頭ぁ土さおっつけて、ほして尻を天井にして口を尻に見せてたぁど」となる。だから、狢はつい本性を現して、目の前に跳ねてきたトウキビを見て、思わずパクッと口で（＝尻で）食べてしまったのだ。

ずいぶん奇妙な話だが、その後、これの類話とみなしうる事例がいくつか見つかった。例えば、一九二二年に報告された話では、「狐が女に化けるときは二疋でやる。人が此女と交会すると陰部に見せたは一疋の狐の口であるから、人の男根に歯の跡がつく(24)」として、こんな話を紹介している

――ある寒い日、山小屋暮らしの男のところに一人の女がやってきて、暖を取っているうちに寝てしまう。女の裾がはだけて、陰部が露出する。そこへ虫がやってくると、陰部に見えていた部分が突然、口になってパクッと食べてしまう。男が殴りつけると、狐は正体を現して逃げていった――残念ながら、どこの地方の話かは記されていないが、話の流れは大体、私が聞いたのと同じである。

また、岩手県上閉伊郡宮守村（現・遠野市）では、狢が逆さまになって子どもに化け、道を歩いていた男に「おんぶしてくれ」とせがむという話がある。男が油断しておんぶすると、狢に睾丸をつかまれ（上下が逆になっているので、狢の手が下にきている）殺されるのだという。この話の報告者は「狢の逆金つかみ」というすごい題をつけている。(25)

石川県羽咋郡の話もこれと同じだが、狢ではなく、獺が逆さまになって人間に化け（性別不明）、背負った男の睾丸をつかんで殺すという。(26) 一方、富山県中新川郡白萩村（現・上市町）の話では、何者かに「おんぶしてくれ」と言われた僧侶が、怪しんで逆さまに背負ったところ、狢が正体を現して死んだ。(27) この僧侶が冷静に対処したところをみると、「逆さまにすれば、狐狸狢は正体を現す」という観念が浸透していたようだ。

福島県福島市でも、体を反転させて娘に化ける話が二例、報告されている（一例は狐、もう一例は狸）。(28) ともに足を広げて座り、下半身を露出して男を誘惑するも、転がってきた握り飯を女陰（実は口）で食べてしまって正体がばれ、殺されてしまう。

変身の過程が話されているのは、静岡県浜松市の話。引用すると、「一匹の白狐が出て来て、逆様になったと思うと、尾が美しい髪になり(29)」とある。このあと、女に化けた狐は若者を誑《たぶら》かそうとするが、やはり正体を見破られ、殺されてしまう。

## 3　「きれいはきたない、きたないはきれい」

いずれの妖狐譚でも、動物が女に化けた際に身体を反転させて、肛門／女陰を口に、口を肛門／女陰に見せかけている。そこには異様なエロティシズムが漂うが、それは後づけの解釈だろう。本来は世界を異にする動物が、人の世界での姿を得るために、身体を反転させたのだと思われる。逆にいえば、女の姿に化けた動物にとっては、男の口が肛門に、肛門が口に当たっていたはずだ。

創作童話だが、槇ひろし作、前川劭三画の絵本『さかだちぎつね』[30]は、このあたりの問題を巧みに物語に落とし込んでいる。むろん、児童向けの作品なので際どい場面はない。福音館書店のウェブサイトからあらすじを引用すると……。

たけしがおつかいの帰りに出会ったキツネは、なぜか逆立ちをしてすましていました。たけしはその後もたびたび、さかだちギツネを見かけます。遠足の日、ついにさかだちギツネの村を見つけたたけしですが、きつねの呪文の力で、まわりのものをみんなさかさにされてしまい……。言葉も絵もひっくり返り、ついには本までさかさにして読まなければならない、ふしぎな絵本です。[31]

図3-4　槇ひろし作、前川励三画『さかだちぎつね』（福音館書店、2004年）の書影

主人公の少年たけしは、逆立ちしている狐に向かって「へんなの」と言うが、狐は「おれたちからみると、おまえさんたちのほうがさかさまだ[32]」と答える。すべてが逆さまの狐の村のビジュアルはインパクトがあり、たけし自身も狐の呪文によって逆さまにされてしまう。ラストでは、たけしが股のぞきをして世界を見るのだが、ここで読者も絵本を逆さまにしなければならない。作者の槇ひろしの著作歴をみるかぎり民話を素材にした作品は少ないが、こと『さかだちぎつね』に関していえば、民俗知識をもとにして創作したのではないだろうか。

さて、動詞「下がかる」は「下半身の話題になる」の意味だが、そのときの話題は二種に分けられる。一つが猥談、もう一つが糞尿譚で、関連はあるものの両者は明確に異なっている。それは話の場について考えると明らかだ。猥談の場は、ジェンダーの問題とも関わっていて酒席などに生じることが多いが（盛り上がるかどうかは、日頃の人間関係による）、同じ席で糞尿譚を披露するやつがいたら相当の馬鹿だ。ただ、現在の感覚では糞尿譚と認識される話にも、隠れたコスモロジーが現れていることがある[33]。

女に化けた狐狸狢が、肛門（狐狸狢にとっては口）で飲み食いをするというのは、本来、口から摂取するもの（飲み物・食べ物）と、肛門から排泄するもの（小便・大便）とが逆転しているのを意味している。これを前提にすると、「馬の糞団子」という昔話も別の見方ができる。『日本昔話大成』から引用すると、こんな話だ。

1、狐にはだまされないという男が、狐が女に化けて石を子供代わりに抱き、馬糞を重箱につめて行くのであとをつける。
2、ある家に入ったので、子供は石で、重箱の中は馬糞だというが家の者は承知しない。
3、団子をごちそうになる。人に注意されて気がつくと馬の糞をくわえている。(34)

「馬の糞団子」は世間話としても広まっていて、Sさん（先ほどの狢の話の話者）の身内もそれらしき目にあっている。ただし、「狢に化かされて、ぼた餅をごちそうになった」というだけでそれが馬糞だったという描写はなく、Sさん自身は内容を否定している。

さて、「馬の糞団子」で、狐が馬糞を団子に見せかけた理由については、いたずら心からという解釈が一般的だろう。しかしその一方で、本当に狐は好意で馬糞をお土産に持たせたのかもしれない、という解釈も成り立つ。というのも、狐の世界では上から摂取するもの（飲み物・食べ物）が、人の世界では下から排泄されるもの（小便・大便）に相当するからだ。ということは、狐にとっては人の飲食物が糞尿にあたるはずだ。

「きれいはきたない、きたないはきれい」はシェークスピアの『マクベス』（一六〇六年）の魔女たちの台詞。そこでの意味とは異なるものの、「狐に化かされた話」として総称される一連の話群を読んでいると、この言葉が思い浮かぶ。

例えば、昔話「風呂は肥壺」では、狐に化かされた男が、風呂だと騙されて肥壺に入る。人にとって心地いい風呂と不浄の極みである肥壺が、狐の世界では逆転しているのだ。化かされていた人には、目が覚めるまでは肥壺が風呂に見えていて、気持ちよさそうに入っていた。

昔話「銭は木の葉」は、狐を助けた男が、狐の家に招かれて歓待を受け、お礼にもらった小判が実は木の葉や糞だったという内容である。一見すると、恩をあだで返したように受け取れるが、もしかしたら、狐は本気でお礼をしたかったのかもしれない。木の葉や糞は、狐の世界では確かに銭や黄金だったのだから。

昔話には、大便と黄金が入れ替わる話がいくつかある。「金ひり馬」は、文字どおり、金の糞をする馬の話。「大歳の客」では、肥壺に落ちて糞まみれになった乞食が、翌朝、黄金になっている。「取付く引付く」では、謎かけ妖怪に対して主人公が「取っつけ」と言ったら小判が、「引っつけ」と言ったら糞がつけられる。

この世で最も価値があるもの（黄金）と、最も下卑たもの（大便）が、外見上（とくに色）の一致から互換可能とされているのだ。それは単なるアナロジーではなく、最上位と最下位を転換させる思考からきているといえる。(35)

逆さまの法則は、天気雨を「狐の嫁入り」と呼ぶことにも現れている。「晴れているのに、雨が降る」のは、狐が住む世界と人間界が反対の関係にあるのを端的に表している。狐の世界での晴天が、人間界では雨天なのだ。「狐に化かされそうになったら草履を頭に乗せる」という俗信[36]（愛知県・和歌山県・鹿児島県など）も、「貉が化けた月は西から上る」という話[37]（茨城県）も、根底にあるのは逆さまの法則である。

## 4 「歯のある膣」について

話はいよいよ下がかるが、女に化けた貉が「口を女陰に見せかけていた」ということは、「女陰に歯が生えていた」ということになる。婆さんに化けたのなら歯がなくても怪しまれないが、若い娘が歯なしというのではそれこそハナシにならず、すぐに正体がばれるからだ。これは「歯のある膣（ヴァギナ・デンタータ）」といって、世界各地の神話・伝説にみられるモチーフである。また、膣に武器を仕込んだ女性の話もある。こうした女性と交わった男性は去勢されるはめになる。[38]

沖縄県にはこんな話もある。琉球王朝時代（十八世紀）のこと――あるところに、兄と妹がいた。兄は人を殺し、肉を食っていた。兄は妹にも肉を食わせようと家に招いたが、妹は便所に行くと言って逃げた。兄は追いかけたが、妹が「自分は二つ口があり、下の口では鬼を食う」と言ったので、驚いて死んだ。[39]

この話が、沖縄で伝承されていた点に留意したい。『日本昔話事典』の「下の口の歯」の項[40]には「東南アジア、環太平洋地域全体にまたがり、わが国にもわずかな例が見いだせる伝説的世間話」

とあり、琉球弧での伝承の様相がうかがえる。

一方、日本内地に目を向けると、『日本昔話大成』に採られた昔話「嫁の歯」がそれにあたる。次にプロットを引用する。

1、ある男の好きな女が他の男と結婚することになる。

2、彼は女には「男のものは杵のようだ」といい、相手の男には「女のものには歯がある」という。

3、不縁になったので、その女と結婚する。(41)

分布状況は、沖縄県、長崎県、岡山県、長野県、福井県、山形県の各県で、列島の南北にわたって伝承されているが、どちらかといえば西日本に多いのは、南方由来の伝承だからだろうか。参考として台湾の例(42)のほか、『宇治拾遺物語』の例も挙げられている。注では「嫁の歯の問題」を重要なモチーフだとして、「歯のある膣」を指摘している。

右に挙げたプロットでは省略されているが、初夜のとき、女は栗の毬《いが》を股間に当てて歯に見せかけたり（山形県西置賜郡の例(43)）、研いだ爪を歯に見せかけたりしている（岡山県阿哲郡、福井県遠敷郡の例(44)）。まさに「歯のある膣」だ。

また、少々わかりにくいが、昔話「尻に団子」にも「歯のある膣」のモチーフがある。次にプロットを引用する。

聟《むこ》（座頭）が餅をごちそうになる。夜中に盗み食いする。女房（仲間）に食わせようとして、口と間違えて尻にあてる。尻が鳴ったので「いやか」といって自分で食う。(45)

こちらの分布状況は、鹿児島県、熊本県、長崎県、佐賀県、香川県、岡山県、島根県、鳥取県、京都県、福井県、石川県、福島県、山形県、岩手県、青森県で、やはり西日本に多い。

女房思いの男が、餅をやろうとして「口と間違えて尻にあてる」というのは、やはり、肛門もしくは女陰を口とみなしたからだろう。実際、岡山県真庭郡(46)と山形県西置賜郡(47)の例では、登場人物の台詞として「下の口も養わなければならない」という諺が用いられている。また、石川県珠洲市の例では、寝相の悪い嫁が、布団のなかで逆さに寝ていて、尻に沢庵漬けを押しつけられている。(48)また、嫁の屁を拒否と勘違いした男が「いやか」と言う場面も興味深い。口と尻で会話が成立しているのだ。この点は屁でものを言う昔話「屁の問答」と同じ。昔話には放屁にまつわるナンセンスな内容の話が多いが、注意深く観察すると、上下逆転の法則性がみえてくる場合がある。

女陰を「下の口」と呼ぶ俗語は各地にあり、「歯のある膣」の発想が日本にもあったことを証しているが、先の『球陽』の話の、切羽詰まった妹の台詞と比べると、昔話「嫁の歯」や「尻に団子」には、大らかな笑いがある。実際、両話とも、『日本昔話大成』では「笑話」の「愚人譚」の項の「愚か嫁」のなかにあり、前後には「鶯の谷渡り」や「塩辛と薬罐」といったセックスをネタにした際どい話型が並んでいる。「歯のある膣」というモチーフは共通しているものの、受ける印象はまったく違う。

狐狸狢が身体を反転させて人間に化けるのも、「歯のある膣」のモチーフも、本来的には猥談ではなかったはずだ。毎夜、女に化けて男のもとを訪れる狢の話や、逆さまになって女に化け、背負われた態勢から男性の股間を狙う狢や獺の話には、怪談としての話し口がある。

しかしながら、私が聞いた「逆立ちして女に化けた狢の話」は、明らかに猥談・笑い話として話されたし、聞き手である私もそう受け止めた。話者のSさんは、この話を締めくくる際、「なぁ、男っちゅうのはそういうふうに馬鹿なんだべか。女子《おなご》に行って、金玉吸わせて本気になっていられるもんだべか」と話していた。また、調査者に女性がいたため（私は大学の先輩の関根綾子と一緒にこの話を聞いた）「姐さまだからいいかな？　子どもには聞かせらんねぇが」とも話していた。

また、この狢の話とは別の文脈だが、Sさんは「子どもの昔話」と「大人の昔話」を区別していた。Sさんがいう「昔話」は、架空の話ぐらいの広い意味だが、「大人の」というのは文字どおりアダルトの意味である。

狢の話の舞台である炭焼き小屋は、猥談の話される場でもあったはずだ。都路村は炭焼き業が盛んで（生産量が全国一だった時期もある）、Sさん自身も若いころ炭焼き小屋で働いていた経験がある。男性が多い仕事場に少数の女性がいると、猥談が多く話される傾向がある。と同時に、女性を冷やかす道具として怪談が用いられることもある。だから、怪談と猥談が同じ場で話されていたとしても、何の不思議もない。

## おわりに――「猥談の場」の力学

私が聞いた狢が男のもとを訪ねる話は「牡丹灯籠」のパロディーのような内容になっている。しかし「牡丹灯籠」が猥談と呼ばれることはなく、怪談、もしくは悲恋譚（悲話の一種としていいだろう）という位置づけになっている。この種の話は力点をどこに置くかによって、猥談にも笑話にもなるし、怪談にも悲話にもなるということだ。

猥談は内容よりも、話の場の力学に注目したほうが面白い。それはジェンダーの問題とも深く関わる。①話し手が男性で、聞き手が女性である場合、②話し手も聞き手も同性である場合、③話し手が女性で聞き手が男性である場合、それぞれのパターンのうえに、さらに年齢や上下関係が関わる。①のケースでは、男性の上司や同僚からのセクシュアルハラスメントの場面が思い浮かぶが、②のケースでも男友達（もしくは女友達）同士で下ネタを強要されるといったハラスメントがありうる。また、③のケースも容易に想像できる。

先の「狢に化かされた話」の場合、二人の高齢者（話し手の女性Sさんと、同席した男性）と、都会から訪れた若い男女の学生（私たち）という関係が、猥談または笑話としての話し口を成立させた。私たちは、この話を聞くのに先立って、Sさんの知人男性の自宅でお話を聞いていた。男性からの紹介で訪問したことも打ち解けた雰囲気を作った理由だろう。話を聞きながら、かなりアルコールが入ったことも、猥談の場を作るきっかけになったはずだ。(49)信頼関係にもとづくからかいが、この話の場にはあった。しかし、次にもう一度同じ話を聞いたとしたら、それが怪談や悲話として話されることもありうるのである。猥談に限らず、ハナシの場とはあくまでも一回性のものなのだ。

注

(1) 柳田民俗学が権威化されるに伴って、柳田の学統に連ならなかった研究者を「異端の」という枕詞とともに称揚する発言が、断続的に現れた。しかし、同時代的にみたとき、異端だったのはむしろ柳田のほうだったことは、飯倉義之による指摘がある。飯倉義之「山中共古(著)『甲斐の落葉』を読む――〈土俗学〉のゆくえ」、昔話伝説研究会編「昔話伝説研究」第二十七号、昔話伝説研究会、二〇〇七年

(2) 次に、口承文芸の猥談研究の例をいくつか挙げる。真下厚「艶笑譚の伝播と変容――奄美・沖縄の鱓女房譚をめぐって」『声の神話――奄美・沖縄の島じまから』瑞木書房、二〇〇三年、同「艶笑譚の一話型とその変容――口承説話における「主人公の交替」に及んで」、日本口承文芸学会編「口承文芸研究」第三十四号、白帝社、二〇一一年、林晃平「赤い玉の話と浦島太郎――話の発生と展開をめぐり」、日本口承文芸学会編「口承文芸研究」第三十八号、白帝社、二〇一五年、飯倉義之「日本色話大成序説――研究史の整理から」「國學院雑誌」二〇一八年十月号、國學院大學

(3) 廣田龍平「みんなでモズマになろう――存在論的人類学による身体反転のアニミズム的生成変化に関する試論」「たわらがた」創刊号、山田の歴史を語る会、二〇一九年

（4）モズマ的世界観を題材にした作品に、以下の漫画を挙げておく。中国古典『捜神記』（四世紀ごろ）に想を得た作品で、主人公・諸葛恪が、山中で人を裏返しにしてしまう童形の妖怪に遭う。その妖怪に遭った者は、異世界に行くのだが、それはすべてが逆さまになった世界で……という内容。諸星大二郎『異界録』（「諸怪志異」第一巻、アクションコミックス）、双葉社、一九八九年

（5）常光徹『しぐさの民俗学——呪術的世界と心性』ミネルヴァ書房、二〇〇六年

（6）廣田龍平「存在論的反転としての股のぞき」、日本民俗学会編「日本民俗学」第三百八号、日本民俗学会、二〇二一年

（7）松田修『日本逃亡幻譚——補陀落世界への旅』朝日新聞社、一九七八年、信多純一「西鶴謎絵考」、大阪大学国語国文学会編「語文」第三十二輯、大阪大学国語国文学会、一九七四年、日沖敦子「幽霊からもらった杓子と駒の角——逆立ち幽霊譚の変奏」、説話・伝承学会編「説話・伝承学」第二十六号、説話・伝承学会、二〇一八年

（8）服部幸雄「さかさまの幽霊——悋気事・怨霊事・軽業事の演技とその背景」「文学」一九八七年四月号、岩波書店。のちに『さかさまの幽霊——〈視〉の江戸文化論』（「イメージ・リーディング叢書」）、平凡社、一九八九年）としてまとめられた。

（9）伊波南哲『沖縄怪談集 逆立ち幽霊』普通社、一九六一年

（10）山田孝子は、吉田の論考を引きながらアイヌの死後の世界の特徴を列挙しているが、そのなかに「あの世の人間がこの世を訪れるときには見ることのできない幽霊になるように、この世の人間があの世を訪れるときにはあの世の人々にとって見ることのできない幽霊的なものになる」「あの世とこの世では昼と夜があべこべ」「あの世では、死んだ人はちょうど天井にハエが止まったように足をさかさにして歩いている」といったものがある。吉田巌「死に関するアイヌの観念と風習」「人類学雑

誌」第二十八巻第四号、東京人類学会、一九一二年、山田孝子『アイヌの世界観――「ことば」から読む自然と宇宙』（講談社学術文庫）、講談社、二〇一九年。原本は、同『アイヌの世界観――「ことば」から読む自然と宇宙』（〔講談社選書メチエ〕、講談社、一九九四年）。

（11）「婦人公論」一九二八年十二月号（中央公論社）掲載の「幽霊と怪談の座談会」から、画家・平岡権八郎が話した怪談。この話を聞いた柳田國男は「後ろ向きに入って来たところに凄味がありますね」と感想を述べている。余談だが、桃中軒雲衛門の孫は、オカルト研究家の中岡俊哉である。

（12）國學院大學の授業でこの話をしたところ、ある女子学生（二〇二一年当時、一年生）のリアクションペーパーにこんな事例が紹介されていた。逆さ事の習俗がベースにあって興味深い。以下、原文のまま引用。「心霊スポットで服をうらっかえしに着てる女の人がいて、ああいうのは幽霊だから気をつけてって一緒にいた友だちに教えたら、その子が「へー、すごーい」って手の甲で拍手する、みたいな落ちで、話す人が上手だったからかすごくこわかったのを思い出しました」

（13）音代湘園「枚方の狐狸譚」「郷土研究 上方」第百号、上方郷土研究会、一九三九年

（14）東洋大学民俗研究会「口承文芸」『長柄町の民俗――千葉県長生郡長柄町』東洋大学民俗研究会、一九七二年

（15）『口承文芸調査報告書 中野の昔話・伝説・世間話』（「中野の文化財」no.11）、中野区教育委員会、一九八七年

（16）比較民話研究会「奈良県吉野町・国栖の昔話（下）」、「特集 昔話と子ども」、日本昔話学会「昔話――研究と資料」第二十号、三弥井書店、一九九二年

（17）「おんめさんとムジナ」「戸田の昔話・伝説」（https://www.city.toda.saitama.jp/soshiki/377/hakubutsu-minwalegend-top.html）［二〇二〇年三月十二日アクセス］

(18) 伊藤慎吾「落語「権兵衛狸」の出自小考」、國學院大學近世文学会編「渋谷近世——國學院大學近世文学会会報」第二十四号、國學院大學近世文学会、二〇一八年

(19) 「妖怪大図鑑 其の八拾壱～穴熊」「ニュース和歌山」(https://www.nwn.jp/feature/170909_anaguma/)［二〇二〇年三月十二日アクセス］

(20) 國學院大學民俗学研究会『民俗採訪』昭和四十九年度号、一九七五年、國學院大學民俗学研究会

(21) この話については、以下の拙稿を参照。のちに改稿のうえ、拙著『何かが後をついてくる——妖怪と身体感覚』（青弓社、二〇一八年）の第5章に「狐は人を化かしたか」として所収した。伊藤龍平「「迷ハシ神型」狐化譚の考察」、昔話伝説研究会編「昔話伝説研究」第十九号、昔話伝説研究会、一九九九年

(22) 國學院大學説話研究会、伊藤龍平編『福島県田村郡都路村説話集』私家版、二〇一五年

(23) 同書

(24) 鈴木重光「狐と狢の話」「民族と歴史」第七巻第五号、日本学術普及会、一九二二年（「民族短信民俗断片」から）

(25) 國學院大學民俗文学研究会「傳承文藝——岩手県上閉伊郡宮守村昔話集」第十四号、一九八八年、國學院大學民俗文学研究会

(26) 長岡博男「河童駒引譚・その他」「加能民俗」第四巻第三号、加能民俗の会、一九五八年

(27) 東洋大学民俗研究会（編集責任者：菱沼健二）『富山旧白萩村の民俗——富山県中新川郡上市町旧白萩村』一九六七年

(28) 渡辺節子編『福島県赤湯温泉——今泉サダさんの話と暮らし 1990年代記録』私家版、二〇一九年

(29) 静岡県女子師範学校郷土研究会編『静岡県伝説昔話集』静岡谷島屋書店、一九三四年

(30)槇ひろし作、前川励三画『さかだちぎつね』福音館書店、二〇〇四年
(31)「さかだちぎつね」「福音館書店」(https://www.fukuinkan.co.jp/book/?id=2410)［二〇二〇年三月十二日アクセス］
(32)前掲『さかだちぎつね』
(33)もちろん、すべての妖狐譚がこの論理で説明できるわけではない。大部分の狐狸狢は、軽い悪意(いたずら心)をもって人を化かしているのだと思う。ただ、そのなかに身体反転の論理が隠れている話もあるということである。
(34)関敬吾『日本昔話大成』第七巻、角川書店、一九七九年
(35)昔話「大歳の客」を論じたものに、以下がある。横山論文では伝承の管理者として座頭や六部の存在が挙げられ、川森論文では、同話型に関する構造分析と韓国の事例との比較がおこなわれている。日本の古典文学の「糞尿譚」については、林望の著書に詳しい。横山登美子「死骸黄金譚の展開」、関敬吾監修、野村純一編『昔話と民俗』(「日本昔話研究集成」第三巻)所収、名著出版、一九八四年、川森博司『日本昔話の構造と語り手』大阪大学出版会、二〇〇〇年、林望『古今黄金譚――古典の中の糞尿物語』(平凡社新書)、平凡社、一九九九年
(36)鈴木棠三『日本俗信辞典 動・植物編』角川書店、一九八二年
(37)更科公護「むじなの提灯と化けたお月様」「茨城の民俗」第十三号、茨城民俗の会、一九七四年
(38)このモチーフについて、小松は「恐怖の存在としての女性像」という観点から論じている。小松和彦『異人論――民俗社会の心性』青土社、一九八五年
(39)比嘉春潮「球陽伝説抄」、三元社編「旅と伝説」一九三五年四月号、三元社
(40)立石憲利「下の口の歯」、稲田浩二/大島建彦/川端豊彦/福田晃/三原幸久編『日本昔話事典』

所収、弘文堂、一九七七年
(41) 関敬吾『日本昔話大成』第八巻、角川書店、一九七九年
(42) 佐山融吉／大西吉寿『生蕃伝説集』杉田重蔵書店、一九二三年
(43) 武田正編『とーびんと――工藤六兵衛翁昔話集』私家版、一九六七年
(44) 稲田浩二／立石憲利編『中国山地の昔話――賀島飛左嫗伝承四百余話』三省堂、一九七四年、稲田浩二監修・編『若狭の昔話』(「日本の昔話」第一巻)、日本放送出版協会、一九七二年
(45) 前掲『日本昔話大成』第八巻
(46) 稲田浩二／福田晃編『蒜山盆地の昔話』(「昔話研究資料叢書」第一巻)、三弥井書店、一九六八年
(47) 工藤六兵衛述、武田正編『とーびんと――工藤六兵衛翁昔話』とーびんと刊行会、一九七一年
(48) 常光徹編『石川県珠洲の昔話と伝説(一)』私家版、一九七三年
(49) 前掲『福島県田村郡都路村説話集』の第四章「狐狢放談」では、テープを編集せずに文字起こしすることによって、このときの話の「場」をそのまま再現しようと試みた。なお、調査の場で、話者からアルコールが振る舞われることは珍しくない。

# コラム3　コテボウズはいるか

私がフィールドワークを始めたのは一九九〇年代のことだ。大学の民俗学系サークルでの調査が最初だった。当時、先輩に教わったのが、話が聞けないときに「狐に化かされた人はいませんか？」と振ると、大体、何がしかの反応があるので、それを糸口にするというテクニックだった。

実際、狐の話はよく聞けた。その量の多さたるや、際限がないかと思うほど。そこで、サークルでは一連の狐に関する話を便宜的に「狐に化かされた話」（略して「キツバカ」）、「狐憑きの話」（略して「キツツキ」）、「狐話」（略して「キッパバナ」）の三種に大別した。狸の場合は「狸化《タヌバカ》」「狸憑《タヌツキ》」「狸話《タヌバナ》」、狢の場合は「狢化《ムジバカ》」「狢憑《ムジツキ》」「狢話《ムジバナ》」になる。

「狐化」「狐憑」は読んで字のごとし。「狐話」とは、超常的な要素がない動物としての狐の生態に関する話なのだが、超常的かどうかは現代人の常識を基準にしているので、いまにして思えば無理がある分類だった（私が提案した分類ではないけれど）。

さて、狐が女に化けたという話は古今に例が多く、私もずいぶん聞いた。この場合、人を化かしたのは女ではなく、狐である。そしてその理屈でいうと、狐が妖怪（例えば、ろくろ首）

に化けた場合、人に害をなしたのはあくまでも狐であって、妖怪ではない。正体が狐だとされたとたん、ろくろ首の存在は消えるのだ。はたして、それでいいのだろうか。

以前、新潟県東蒲原郡川上村（現・阿賀町）を調査していたとき、古老からコテボウズという妖怪の話を聞いた（正確にいうと、雪をかぶった庭木の比喩として「コテボウズみたいな」という言い回しが聞けて、そこからコテボウズの存在を知った）。フィールドでこうしたコテコテの妖怪の名が聞けるのは珍しく、新鮮な驚きがあった。

宿に帰って調べると、『西川の民俗——新潟県東蒲原郡上川村旧西川村』（東洋大学民俗研究会、一九七六年）に「コッテンボウズ」という妖怪の記事があった。ノビアガリ系の妖怪らしいのだが、ある話者は、鼬《いたち》が化けたものだとし、別のある話者は、獺《かわうそ》が化けたものだとしている。となると、コテボウズという妖怪は存在せず、ただ鼬と獺だけがいることになってしまう。それならばと、「動物が化けたものも妖怪と認定する」というルールを作ったら、今度は狐が女に化けた場合は「女」が妖怪になってしまう。

私が会った古老は、コテボウズの正体にはふれていなかった。けれど、その日の気分次第、相手の反応次第で「正体は狐か何かなんだろうなぁ……」と続けていた可能性もある。逆に、正体を鼬や獺に求めている話者も、話のなかでその点にふれないこともあるだろう。

口承説話のなかに揺らめく妖怪には、常にこうした問題がつきまとう。文献に記録され、固定された妖怪との違いである。フィールドで妖怪を捕まえるのは難しいし、危うい。しかし、その難しさや危うさがまた、面白くもある。

# 第4章　人を溶かす草の話

## ——落語『そば清』

### はじめに——落語と昔話

落語を口承文芸研究の文脈で扱うときには、二つの立場がある。

一つは、口承文芸の一ジャンルである昔話を落語と対置させ、互いの影響関係を見ていこうとする立場。昔話のなかには、モチーフだけでなく、プロットにいたるまで落語と一致しているものがある。例えば、昔話「田之久」「額に柿の木」「長い名の子」は、それぞれ、落語『田之久』『あたま山』『寿限無』とほぼ同じ筋だ。ここから昔話の落語化という道筋が浮かび上がってくるが、反対に、落語が昔話化した可能性もある。(1)

もう一つは、落語そのものを口承文芸とみなす立場。例えば『日本昔話事典』には「落語」が立項されている。[2]この立場から落語を扱うとき、ネックになるのは噺家の職能性である。落語の話の伝承は師弟間でおこなわれ、聴衆は伝承に介在しない（噺家から聴衆への伝承を想定することは可能だが、その場合は第一の立場になる）。これは落語に限らず、伝統芸能を通した伝承全般に当てはまることでもある。[3]

ここで視点を変えて、落語の聴衆を「話の場」を維持させる機能体として捉えてみよう。高座の写真や映像のなかの聴衆は、ライトアップされた噺家の手前に背を向けて座る影法師のような存在だが、同時にハナシの生殺与奪を担う存在でもある。

落語の分類には幾通りかのパターンがある。例えば、成立時期による分類（古典落語、新作落語）、地域による分類（江戸落語、上方落語）、内容による分類（芝居噺、廓噺、長屋噺……）、落ち（サゲ）による分類（地口落ち、考え落ち、仕込み落ち……）などである。そしてこのほかに、滑稽噺、怪談噺、人情噺、艶笑噺……のように、聴衆に期せられる反応の種類によった分類もある。噺家と聴衆のあいだには、序章で述べたような意味での権力関係が発生している。滑稽噺ならば笑い、怪談噺ならば恐怖、人情噺ならば感動、艶笑噺ならばエロティックな笑い……といった具合に、噺家は聴衆に対して理想的な反応を要求し、聴衆は噺家に対して理想的な話し口を要求する。

寄席で織りなされる落語には、金銭の授受というレベルでの権力関係も発生している。しかし、序章に書いたように、仕掛けがある話が発生させる権力構造は、話そのものに内在しているものなので、ここではその点には深入りしない。

この章では、落語では『そば清』、昔話では「とろかし草」と呼ばれる話が、聞き手に呼び起こす感情を、「大蛇に呑まれた人が毛髪を失う話」を補助線にして考えてみようと思う。本章冒頭に提示した二つの立場でいえば、一つ目の立場からの考察である。

## 1　医事説話・本草説話から落語へ

落語『そば清[4]』は『蕎麦の羽織』という題でも知られる。要約すると、こんな話だ。

蕎麦好きの清兵衛という男が山中を歩いていて、大蛇がまさに猟師を呑み込もうとしているところに出くわす。清兵衛が草陰から見ているあいだに、猟師は呑まれてしまう。大蛇は腹が膨れて苦しげな様子だったが、近くにある草を舐めると、不思議にも腹の膨れが小さくなった。消化を促す草らしい。一部始終を見ていた清兵衛は「この草さえあれば、蕎麦の食べ比べで勝てる」と思い、大蛇が去ったあと、その草を摘んで帰った。

清兵衛はその草を懐に忍ばせて、羽織姿で蕎麦の食べ比べに挑む。食べ比べのさなか、頃合いを見計らって、清兵衛はその草を舐めるために隣の部屋に行くが、それっきり帰ってこない。不審に思った立会人が様子を見に行くと、そこには清兵衛の姿はなく、ただ蕎麦だけが羽織を着て座っていた。

図4-1　葛飾北斎『見附』（味の素食の文化センター蔵、画像提供：味の素食の文化センター／ DNPartcom）

落ちが少々わかりにくいが、要するに、大蛇が舐めていたのは消化を促す作用がある草ではなく、人間の体だけを溶かす草だったのだ。だから、その草を舐めた清兵衛の体は跡形もなく消え失せ、腹のなかの蕎麦と着ていた羽織だけが残った。いわゆる考え落ちである。

落語としては毛色が変わった話で、初めて聞いたときはロアルド・ダールやジョン・コリアらの「奇妙な味」の短篇小説の読後感に似た感想を抱いた。以前、テレビで『そば清』を聞いたことがあるが（そのときの噺家が誰だったかは失念）、サゲの台詞「何でぇ、蕎麦が羽織着てらぁ……」の言い方が虚無的で、印象に残っている。

上方落語の『蛇含草《じゃがんそう》』は『そば清』のバリエーションというべき内容だが、こちらでは体が溶けたのちに残るのは蕎麦ではなく、餅

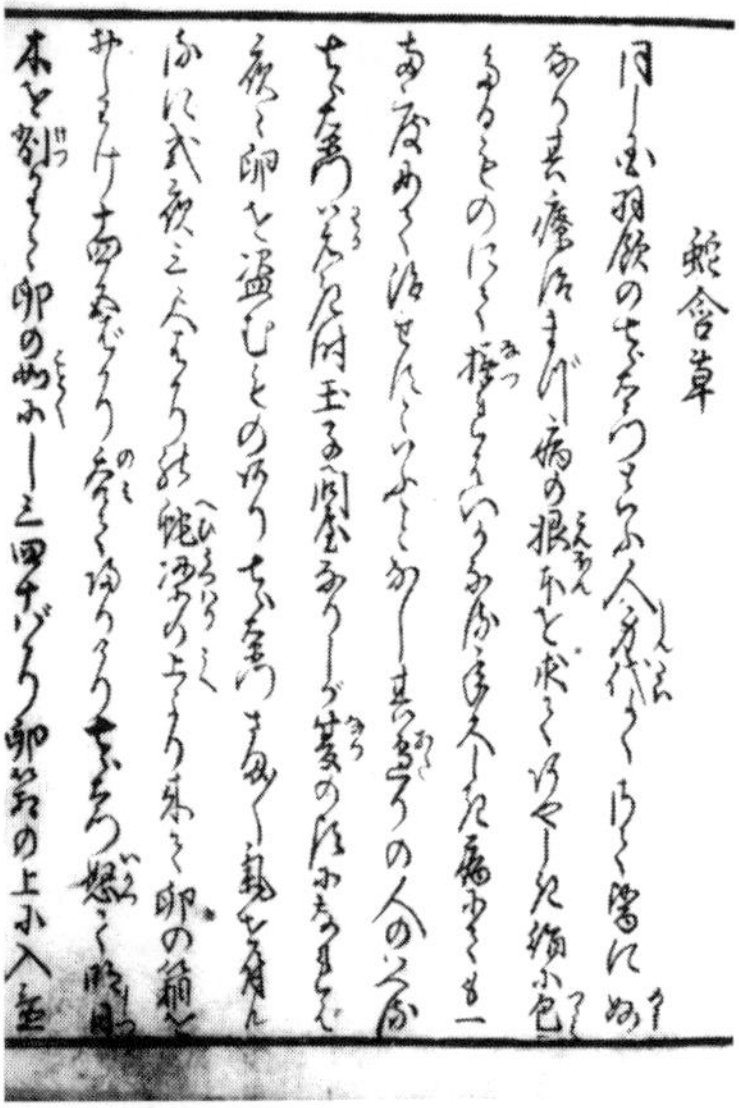


図4-2　『北遊記』から「蛇含草」（国立国会図書館蔵）

になっている。この点について、評論家の平岡正明は「「そば清」は蕎麦が着物着て坐っていたというところでイメージが完結する。蕎麦が大蛇のようにとぐろを巻いているのである」としたうえで、「甚平を着て坐っている餅では完結しない」[5]と述べている。

　蕎麦を大蛇に見立てるのは面白い見解だが、文献上では、蕎麦よりも餅の話のほうが古い。そもそも、蕎麦を現在のように麺状（蕎麦切り）にして食べるのは江戸時代の初めからで、それ以前は、蕎麦がきや蕎麦餅にして食べていた。

　この話型の古例としてみなせる『一休関東咄』（一六七二年）所収の「大しょくはなしの事」でも、主人公が食べるのは餅（粟餅）になっている。参考までに、同話の落ちの部分を次に引用すると――「かの山ぶし、くだんのくさを、くひければ、うんのきハめにてや有けん、人のきゆる草にて、山ぶしハきえて、二斗のもち、ときん、すゞかけ、ほらのかい、こんごうつえをもちてゐける」[6]。――山伏の姿が消えてなくなり、兜布、篠懸け、法螺貝、金剛杖という山伏のアイテムをまとった餅が座っているという落ちは、まさに後年の『そば清』を彷彿とさせる。

この話から五十年後の咄本『軽口ちばこの玉』（一七一六年）所収の「牡丹餅が大小」の末尾も体が溶けてなくなったあと牡丹餅が大小を差していたというもので（「大小」は太刀と脇差しのこと）、この落ちの趣向（衣類と腹の中身を残して、人の体だけ溶けて消滅する）が根付いていたのがわかる。

『そば清』と『蛇含草』の関係については、江戸落語・上方落語の違いで説明されることが多い。例えば、武藤禎夫は「上方噺では、そばの代わりに餅を食べる「蛇含草」」と述べていて、これが定説になっているようだ。一方、中込重明はこの見解に否定的で、『そば清』と『蛇含草』は類話ではあるが、別の話だとしている。(8) 確かに「不思議な草を食べた人の体が溶けて、あとに衣類だけが残る」というモチーフは一致しているものの、主人公が山中で大蛇に遭う場面や食べ比べの場面がないなど、細部に違いがみられる。ただ、類話として問題はないだろう。

なお、浅井了意『堪忍記』（一六五九年）にある話のほうが『一休関東咄』より古いが（こちらも蕎麦ではなくて餅）、「食べ比べ」のモチーフはなく、『蛇含草』に近い。

さて、この『そば清』、直感的に日本産の話ではないような気がしていたが、実際にそのようで、元ネタは中国の説話らしい。(9) 武藤は『太平広記』（九七八年）を先例として引いている。この点については、すでに南方熊楠、柴田宵曲らに考察があり、(10) さらに中込がそれに追補した。最近では、岡田充博による論考もある。(11)

もっとも、原典とおぼしい中国説話では「人を溶かす草」というモチーフは一緒でも、話の主眼が異なっている。中国のほうの話では、この話は医療をめぐる説話、つまり医事説話なのである。(12)

『子不語』『聞奇録』『太平広記』『春渚紀聞』……などに載っている話では、食べ比べのためではなく、医療行為として草を舐めさせている。

私は、医学にまつわる話＝医事説話を含めたより広いジャンルとして、本草学（博物学）にまつわる話を本草説話と呼んでいるが、[13]当時の本草学の最高峰だった『本草綱目』（李時珍、十六世紀末）にも「蛇含草」は立項されている。それが本草学の知識とともに日本に伝来し、小野蘭山『本草綱目啓蒙』（一八〇三年）にも「ヲヘビイチゴ（雄蛇苺）」として載せられた。この点も中込が指摘している。

この話が医事説話だった名残りは、日本での例にもうかがえる。例えば、先の『堪忍記』では「名薬医師は、ややもすればあやまちおほし」[14]と書きだされ、『北遊記』（一七九九年）の主人公も医師である（もっとも、『北遊記』の話は蛇の胃酸の強さにまつわるもので、蛇含草という草は出てくるものの、『そば清』とは内容が異なる）。それが『そば清』になると、医師・薬師は登場せず、興味の中心が医療行為から食べ比べに移っている。

整理すると、中国産の医事説話が、本草学の知識とともに日本に伝来したのち、「人体が溶ける」というモチーフが強調されることによって、落語『そば清』『蛇含草』が生まれたという経緯が読み取れるのである。

## 2　昔話「とろかし草」

昔話「とろかし草」は落語『そば清』とほぼ同内容で、食べ比べの対象が蕎麦か餅という点まで一致している。そのために、落語が先か昔話が先か、という問題が提起される。中込は結論については留保しながらも、落語から昔話へという道筋を想定しているが[15]、これは一筋ではいかない問題である。

参考までに、『日本昔話大成』第十一巻の「とろかし草」のプロットを引用する。「笑話」のなかの「愚人譚」の項に分類されていて、この前には「辛棒比べ」「大食漢」などの話型が並ぶ。人間を溶かす草の不思議さよりも、食べ比べに挑んで命を落とす男の愚かさに比重を置いた分類である。

蛇が人（動物）をのむ。ある草を食うと腹が小さくなる。ある男が蕎麦の賭食いをしてその草を食うと、からだがとけて蕎麦だけが残る。人間を溶かす草。[16]

『日本昔話大成』の解説は「蛇含草、蛇草、人消し草とも呼ばれている[17]」と述べて、この話型の古態として、昔話「雀の宮」を挙げている。しかしながら、「動物から薬草の知識を得る」というモチーフ以外に共通点はないうえに、「雀の宮」は報告例が極端に少なく、説得力に乏しい[18]。

プロットで示したように、各地で報告されている「とろかし草」のなかには、大蛇が人間ではなく動物（蛙や魚など）を呑み込んだあとで、不思議な草を食べて消化する……という展開の話もある。その様子を目撃した主人公がくだんの草を手に入れて食べ比べに挑むわけだが、この落ちは人間だけを溶かす草だからこそ成り立つものなので、話としては破綻している。一見すると後発的な

図4-3『和漢三才図会』から
大蛇（国立国会図書館蔵）

変化のように思われるが、実は『一休関東咄』の話でも小蛇が蛙を呑み込んで草を舐めている。あるいは、この草の成分は人間だけを溶かすのではなく、蛇だけを溶かさないものだったのではないだろうか。

次に、伝承の分布状況をみてみよう。『日本昔話大成』と稲田浩二・小沢俊夫編『日本昔話通観』（全二十九巻、同朋舎出版、一九八九―九〇年）を参照すると、「とろかし草」はこれまでに二十県で三十二例報告されている。列挙すると、青森県（二例）、岩手県（一例）、秋田県（一例）、宮城県（一例）、山形県（一例）、福島県（一例）、山梨県（一例）、岐阜県（一例）、兵庫県（三例）、岡山県（一例）、広島県（一例）、鳥取県（二例）、島根県（二例）、山口県（二例）、徳島県（一例）、愛媛県（二例）、福岡県（二例）、大分県（二例）、佐賀県（三例）、鹿児島県（二例）である。

分布状況の特徴としては、西日本と東北地方に偏在している一方で、関東・北陸・京阪地方に報告例がない。その理由については軽々しく判断を下せないが、落語が盛んな江戸（東京）、上方

（京阪）に報告例がないという点に推論が成り立つ余地がある。

それは、落語という口承文化がない地方に「とろかし草」が伝承されているという事実から、昔話の一角を占める笑話は、落語不毛の地に、それを補完するかたちで伝承されてきたのではないか、という推論である。実は、ほかの落語種の昔話についてもこの法則は当てはまるのだが、本書のテーマから逸れるので詳述は避ける。別の機会に論じたい。

近代の落語は寄席だけのものではなかった。噺家たちは盛んに地方公演をおこなっていて、速記本も出回っていた。レコードも売られていたし、ラジオ放送もあった。こうしたメディアを通して落語『そば清』が各地で広まり、昔話化した可能性がある。もしそうであるなら、「とろかし草」は近代以降に生成した新しい昔話ということになる。「とろかし草」のバリエーションの少なさも、この話型の新しさを物語っている。以上の点、実証するのは困難であるものの、一つの可能性として提示しておく。

各地で報告された「とろかし草」には土着化の様子が見て取れるものもある。例えば、島根県教育会編『島根県口碑伝説集』（島根県教育会、一九二七年）では主人公が「津和野の藩中」の「そばの大好きな豊田平内」という人とされていて、恵那市史編纂委員会編『恵那市史』（恵那市史編纂委員会、一九八二年）では大蛇が人を呑む場所が「江戸への旅の途中」の「笹子峠」になっている。興味深いのは青森の例で[19]、蕎麦の食べ比べをする場所が「医者」の家とされていて、蕎麦も「薬師講の蕎麦」とされている。昔話化されたあともなお医事説話だったころの面影が残り、さらに当地の習俗が取り込まれているのである。

それにしても、人が溶けてなくなり、着ていた服と蕎麦だけが残っていたというのは、笑いどころなのか、怖がりどころなのか。いずれにせよ落とし噺にはちがいないが、炉端で母や祖母から「とろかし草」を聞いた子どもは当惑したことだろう。この話は笑い話としても、怪談としても話すことができる。そして話し手は、笑い話ならば笑い話としての、怪談ならば怪談としての反応を期待しながら話を進める。聞き手もまた、笑い話、もしくは怪談としての展開を期待しながら話を聞く。しかし、通常、昔話の資料報告には、聞き手の反応が示されることはなく、「とろかし草」が笑い話として話されたのか、怪談として話されたのかを判別することは難しい。

さて、落語『そば清』も昔話「とろかし草」も、蛇の胃酸は強力だという俗信に支えられている。謎の草も蛇の消化を助ける手段にすぎない。実際の蛇の胃酸がそれほど強力なものか否かはさておいて、こうした動物の習性に関する話は、江戸時代に人気を博した。

最近の例では『奥多摩の世間話』の「蛇が呑みこむ」と題された話に「足から呑んでくの。足から呑んでもものところで足がなくなってもう一方どうするかと思ったら、だんだん溶けてなくなったものね」[20]という話者の言葉があり、蛇の胃酸をめぐる俗信の根強さがわかる。[21]

これから紹介する「蛇《じゃ》の分食《わけ》」という話は、大蛇に呑まれた人が命は助かったものの、毛髪が溶けて失われていたという内容で、やはり蛇の胃酸が強力だというのが前提になっている。これまであまり論じられてこなかった話である。これもまた奇妙な内容で、話の仕掛けについて考えるのにいい例なので、取り上げてみたい。

## 3　日本のヨナ——「蛇の分食」のわけ

江戸時代の奇談集『宿直草《とのいぐさ》』（荻田安静、一六六七年）に載っている「蛇の分食といふ人のこと」は、次のように書きだされる。いわく——「ある人の語るは、元和八年の秋、紀陽《きのくに》和歌山へ行きて、著《しる》き人の許《もと》に話し居るに、齢《よわい》五八ばかりの男、己が業《わざ》に、簀《あじか》に魚いれて、荷《にな》ひ売りする者有り。また、頭滑乎《こうべかっこ》として、髪一筋も生ひず、ただ薬缶《やかん》の如し。異名《いみょう》を呼んで、蛇《じゃ》の分食《わけ》の来りといふ[22]」。

元和八年は西暦でいえば一六二二年、『宿直草』が刊行される四十五年前だ。話し手の「ある男」は、「蛇の分食」とあだ名されたこの男から、直に禿頭になった理由を聞いている。話によると、彼はもともと山に住んでいて、六歳のときに伯父と猟に出て（一緒に猟をしたのではなく、ついていったのだろう）、不運にも蟒蛇《うわばみ》に呑まれた。異変に気づいた伯父が蟒蛇の腹を切り裂いて救出し、一命は取りとめたものの、毛髪は溶けて失われていて、それっきり生えてこなくなった。以来、男は「蛇の分食」と呼ばれるようになったという。「分食」は「食べ残し」の意味だと思われるが、「わけ（訳）」＝「理由」の掛詞にもなっている。

大蛇の腹中にいるときのことを「蛇の分食」本人はこう話している——「飲まれしときは暗がりに居るやうにて、何の苦もなし。其の後頭《こうべ》へ滴《しずく》二、三滴かかると覚へしか、熱うして遍身《へんしん》砕《くだ》くるかと苦しかりし[23]」。この「滴《しずく》」こそが大蛇の胃酸なのである。

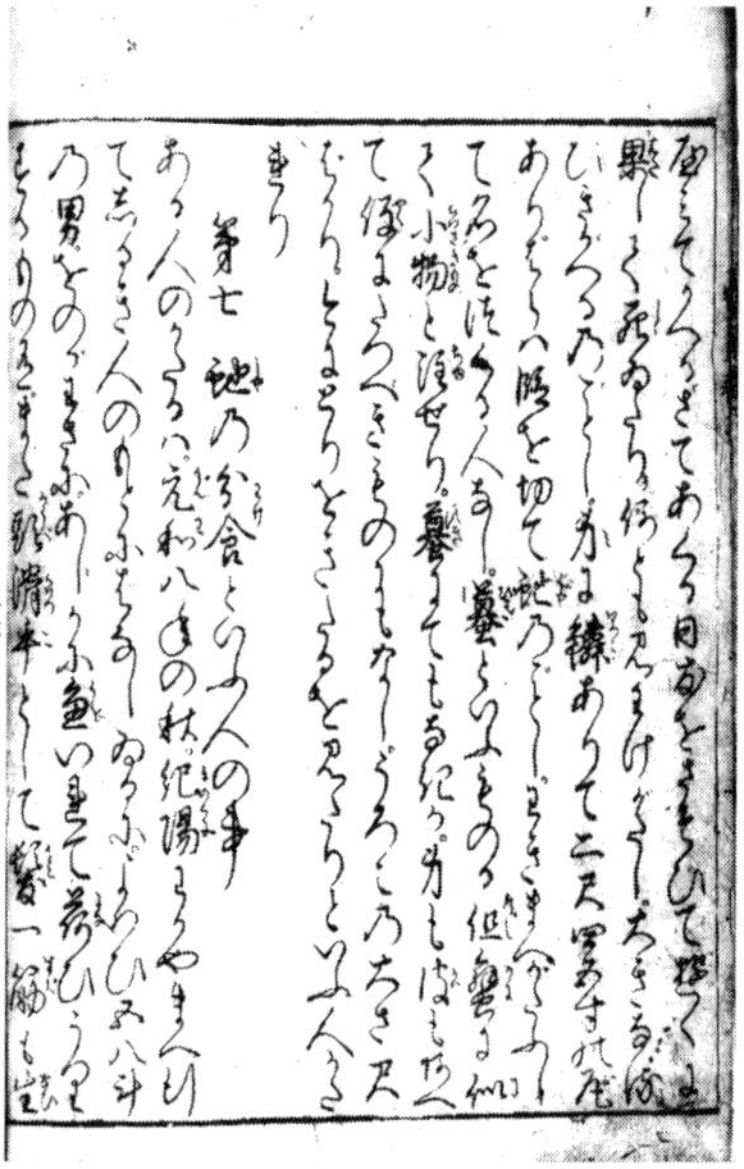

図4-4　『宿直草』から「蛇の分食といふ人の事」（国立国会図書館蔵）

似た話は鈴木正三『片仮名本 因果物語』（一六六五―七二年ごろ）にもある。「蝮に呑まれて蘇生する者の事」という話で、近江（現・滋賀県）の出来事とのこと。呑まれたのは九歳の子どもで、父親が大蛇の腹を裂いて助けたところ、やはり禿頭になっていた。しかし、話の末尾は「其の砌は頭の毛抜けたりと云へども、頓て本の如く生ひたりと也。其子廿七の時、受三見て語る也[24]」と結ばれていて、毛髪は復活している。

この『片仮名本 因果物語』には、もう一つ大蛇に呑まれた人の話が載っている。美濃（現・岐阜県）の話で、呑まれた男自らが脇差しで大蛇の腹を切り裂き、脱出したという。記事によれば、鈴木権兵衛なる人物がこの大蛇に呑まれた男を見たと話していたとのことである。この話では、毛髪に関する記述はない。

同じく、同時期の中山三柳『醍醐随筆』（一六七〇年）にも類話がある。やはり近江の話で、呑まれたのは「十二三ばかりの童」。大蛇の腹から救出され、蘇生したときの描写を引用すると――「さて飛び出たる童は死せるごとくなれ共、呼吸はとまらず、家にともなひ帰りて修養して安全なれ共、頭潰てゆがみくぼむ、髪ことぐくぬけて再び生ず。此人七十余の時みづから語りぬると、たしかに伝けらし[25]」。

また、瑞龍軒恕翁『虚実雑談集』（一七四九年）所収の「蛇《うわばみ》に呑まれし人の事」という話も同様の内容で、大蛇に呑まれたのち、救出された男が「頭禿げて、髪も眉毛も、少しもなく、顔も、前後も知れぬやうにて、銅の鍋を見るやうなる[26]」という姿になっている。信州・塩尻の山奥の話で、助け出されたのは弟、助けたのは兄ということだ。ことの経緯を説明したのは村長だった。

虎巌道説『燈前新話』（一七三一年）にも「斬大蛇記」として同内容の話が二つ載っている。一つ目は一七〇五年の話で、大蛇に呑まれた少年（当時十一歳）が齢七十を過ぎたころ本人から聞いたと書かれている。大蛇の腹中から生還したあとの容貌は「鬢髪悉脱、鼻崩、耳落。甚怪[27]」（髭も髪もことごとく抜け、鼻は崩れ、耳は落ち、はなはだ怪しい）と記されていて、ほかの例よりも症状が重い。

もう一つの話は、大蛇ではなく鯨が人を呑み込んでいるが、毛髪が失われる点は共通していて、「鬢髪眉毛尽脱、如冠銅鑼[28]」（髭も髪も眉も抜けつくし、銅鑼をかぶっているようだ）と表現されている。そしてこちらでも、鯨に呑み込まれた人の体験談とされている（正確にいえば、又聞き）。これは寛文年間（一六六五―七二年）の話とあるので、『宿直草』『因果物語』『醍醐随筆』などと時期的に近い。当時、流行していた話なのだろうか。そう言えば、『そば清』の古態と思われる話を載せる『一休関東咄』も寛文年間の作だった。

一連の話は、大蛇や大魚に呑まれた本人や、その近くにいた人の体験談とされている。体験談として話される点が、この系統の話の特徴だったらしい。

注目に値するのは、これが「ヨナ型説話」といって、アフリカ南部からインド、ニューギニア、オーストラリア北部、ニュージーランド、オセアニア、南北アメリカ、さらにはカムチャツカにいたる広域に分布する話型だということだ。[29]

ヨナは『旧約聖書』の「ヨナ書」に登場する預言者で、航海中に神の命に背いたために怒りを買い、大魚に呑み込まれた。三日三晩、大魚の腹中にいたヨナは、神に許され吐き出されて海岸に辿り着く。この「嚥下モチーフ」がヨナ型説話の特徴で、イタリアの童話『ピノッキオの冒険』など、創作作品にも用いられた。手塚治虫の漫画『ブラック・ジャック』にもこのモチーフを用いたエピソードがある。大魚ではないが、「蛇の分食」の場合、水と縁が深い大蛇の伝承にこのモチーフが入り込んだわけだ。[30]

思うに、禿頭にはスティグマ（聖痕）としての意味があったのではないだろうか。他者からの攻撃による身体の欠損は屈辱ではあるが、勇者の場合は、しばしば武勇の証しになる。したがって、「蛇の分食」型説話の本来の話され方は武勇譚だった可能性もある。そう考えると、医事説話・本草説話が変異した『そば清』や「とろかし草」と異なり、「蛇の分食」は神話・伝説に淵源を求められる話ということになる。[31]

事例の紹介を続けると、堀麦水『三州奇談』（近世中期）に載っている「夜行逢怪」という話では、夜間に怪物に襲われた男が、奮戦してこれを撃退するものの、どういうわけか、禿頭になっている。この話の主人公は怪物に呑まれたわけではなく、禿頭になる理由もないのだが、「其後、一生あたまの毛生ざりし故、奉公も止、悪行も堅く慎み、鉢巻して門わたりせし」[32]ということになった。噺下モチーフが欠落したのだろうか。元文年間（一七三六―四〇年）の話。当時、この男は存命で、著者も本人に会ったことがあるという。男のその後の人生は不幸だったようだが、時代が時代であれば、怪物退治の勇者として称賛されただろう。

## 4　禿頭奇談

口承資料に目を転じると、京都府竹野郡網野町（現・京丹後市）では、ババメという怪物に呑まれて禿頭になった若者の話がある。自ら鎌で怪物の腹を切り裂いて退治したが、頭髪は失われていたという。[33]それにしても、ババメとは奇妙な名である。原文では「恐竜の一種らしい」と注記があるが、われわれの思い浮かべるあの恐竜ではなく、龍のことではないだろうか。この地方では、歯がない口のことを「ババメ口」といい、つるつるの禿頭のことを「ババメに呑まれたような頭」というそうだ。[34]禿頭も種類によっていろいろと呼び方があるが、その一つである。

毛髪は人間の生活には無用のものだが、文化史的には大きな意味をもっている。[35]わが国でも、かつては性別や身分、年齢、職業などによって髪形が違った。

禿頭を髪形と呼べるかはともかく、それが自分の意思によるものか、他人の意思によるものか、自然脱毛かでは意味合いが異なる。自分の意思による禿頭（剃髪）は、出家や謝罪のように覚悟を意味するが、他人の意思による禿頭には刑罰や迫害という意味づけがされる。海外でのスキンヘッドには反体制的な意味合いがあるが、わが国では禿頭にそうした意味づけがされた例は少ない。

他方、なぜか加齢による男性の脱毛は笑いの対象になる。壮年男性の禿頭がいつから笑いの対象になったかは知らないが、『今昔物語集』（一一二〇年ごろ）には、清原元輔の冠が落ちて禿頭が露見し、笑いものになった話があるので、少なくとも九百年はさかのぼれる。このとき元輔は慌てず騒がず、髪が少なくて冠が落ちた理由をとうとうと述べ立てて周囲を笑わせている。自身の禿頭をネタにして笑いを取った最古の例ではないだろうか。さすがは清少納言の父君だ。

しかし、「蛇の分食」のケースは右の三パターンのいずれでもない。いわば事故である。少年という年齢もさることながら、禿げ方も「頭滑乎《こうべかっこ》として、髪一筋も生ひず、ただ薬缶《やかん》の如し(36)」という異様なもので、やはり病気や身体欠損にまつわる話の範疇に入る。なお、薬缶を禿頭の比喩に用いるのは現在でもあり、俗に「薬缶頭」といわれる。

徳島の奇談集『阿州奇事雑話』にも、やはり大蛇に呑まれ、毛髪を失った男の話がある。引用すると――「ところが不思議なことに、髪髭眉に至る迄、悉く抜け落ちて、宛も癩人の様に成つたが、その後次第に健康に復し、気分も以前に変る事無く、後には徳島の御城下へも、飛脚等に立つことさへあつたといふ(37)」。

ここでは比喩として癩《らい》病（ハンセン病）が持ち出されている。今日でも、病気による脱毛は笑いの対象にはされないものの、人に奇異な印象を与え、世間の話題になる。むろん、それは許されないことで、そこには差別／被差別の問題が入る。

次に紹介するのは、新潟の例。小蛇が見る間に大きくなって人を呑むというのは昔話や伝説に多くみられるモチーフである。

やっぱり山田があって、田植の時の子が昼飯時にまんまを持つて行つたら、あんまり重いので憩んだ。処が小さい蛇が出て来て女の子の足をパラ〱舐めたんで、おこゝお前の様ならちんこでも人を舐める様な気になるかと言ふた処が、其蛇がゴボ〱〱と大きくなつて、いきなり女の子を丸呑みしてしまつた。田植の人達は早目に持つてこいと言つたのに今迄来ないのはどうしたがんだろう、と言ふて見に来たら、大蛇が大きい腹をして水を呑んでゐるので、皆で殺して腹を割つたら、女の子が出て来た。女の子はガメ（禿）にはなつたが生きた。そして腹ン中は熱湯になつてゐた――と語つたそうである。(38)

一九三六年の話。「蛇の分食」型の話は近代でも話されていた。この女の子の毛髪はもとに戻ったのか。戻らなかったとすれば、その後の人生はどのようなものだったのか。

次に紹介する島根の話にはそれが暗示されている。引用すると――「九二で死んだおばあさんの話だども、若い時にまぁ、わかめとかするめを持って行商に出ましょった。その時四国八八ヶ所まわりをした人から聞いた話です。ある時にね、小さい草履屋にその丸坊主の女が二人おったげな。姉妹連れでね(39)」。

以下、長くなるので要約するが、「百姓屋の娘さん」だというこの姉妹は、子どものころ、山で草刈りをしている最中に、大蛇に呑まれた。初めに姉が呑まれて、次に妹が姉を助けるために自ら呑まれて鎌で大蛇の腹を裂き、九死に一生を得た。しかし、姉妹ともども毛髪を失ったという。この話は姉妹の言葉――「私達二人は蛇に飲まれたために、髪の毛がみな抜けて、生えんやんなった。それで人とつき合いができんでここに暮らいております(40)」によって閉じられる。これまでの「蛇の分食」型の話と同じく、大蛇に呑まれて禿頭になった人が、周囲の奇異のまなざしにさらされたのち、自分語りのなかで、その経緯を語っている。やはりこれは、身体欠損をめぐる世間話なのだ。

次に紹介する宮城県玉造郡鳴子町（現・大崎市）の例では、毛髪の有無については言及されず、ただ、鼻や耳が溶けたとだけ話されている。話の末尾を引用すると――「そすたら、そこの家の人が話すたのねえ、その子ども、いまも気の毒だって。耳が半分溶けてねす、鼻の頭も溶けてっからねぇ悪い野郎っこでねえんだけど、かわいそうに年ごろになっても、嫁こにねえ、くる人もないんだべねえって。鳴子の人に聞いた話(41)」。この子どもが成人したのち、雪で仕事がないときに、身の上話をしたのだという。

これらの話で大蛇に呑まれた主人公の多くは、命は助かったものの、禿頭になったためにさげすまれたり、生活に窮したりしている。また、樵夫など山仕事をする人が主人公の例が多く、日本人の大多数を占めた農民が主人公の例は少ない。「蛇の分食」ももとは「山家の者」で「簀《あじか》に魚を入れて、荷《にな》ひ売りする」のを生業としていた。身体欠損に対する差別に加えて、職業差別の匂いまで見え隠れするのである。

## おわりに――境遇へのシンパシー

落語『そば清』も昔話「とろかし草」も、ラストがあまりに唐突かつ突飛であるため、謎めいた余韻が残る。文芸評論でいう「オープン・エンディング（開かれた結末）」である。『そば清』の噺家が落ちの一言であっさり話を終わらせるように、「とろかし草」の語り手たちも、主人公が溶けて消える場面で急転直下、話を終わらせている。主人公が舐めたのが人を溶かす草だったことが説明される場合もあるが、それ以上の解釈を引き出す言葉は継がれない(42)。

では、「蛇の分食」型の話の話し手たちは、どのような反応を聞き手に期待したのだろうか。『宿直草』の書き手は、末尾を「げにこの人よ、初元結もそそけなく、小櫛の歯の恨みもなからん（略）物に似ておかしきは此の頭にぞ侍る(43)」と、滑稽味を感じさせる筆遣いで締めくくっているが（「初元結」は成人の儀式で、初めて髻を結うこと）、その一方で、この話の前後には怪談が並んでいる(44)。

先ほどの宮城県の例の話し手は、禿頭になった女性の容貌の怪奇なことを話しながら、末尾で「気の毒」「かわいそうに」とも話していて、聞き手に対して、悲話としての反応を期待している。『そば清』／「とろかし草」や「蛇の分食」は、怪談としても、笑い話としても、悲話としても話しうる話である。それは大蛇に呑まれて禿頭になった人に対するシンパシーのもちようによる。シンパシーの念が強ければ悲話になるし、弱ければ笑い話になる。そして禿頭の原因になった大蛇の恐ろしさにフォーカスすれば怪談になる。
見方を変えると、落語は、仕掛けによって発生する感情を一つの方向に固定させることによって、古典化するのだともいえるだろう。

注

(1) 私は、昔話が現在のような形式を整えたのは、江戸後期以降だと考えている。この時期は、落語の形成時期とも重なる。昔話と落語はどちらも、江戸後期に同時進行で生成・発展していった文芸だった。延広真治『江戸落語――誕生と発展』(講談社学術文庫)、講談社、二〇一一年(同『落語はいかにして形成されたか』〔(叢書演劇と見世物の文化史)、平凡社、一九八六年〕の増補改訂版)

(2) ただし、『日本昔話事典』の同項目は、落語史をたどるぶんには要点が押さえられていていいが、昔話研究のなかでの落語の位置づけには言及されておらず、隔靴搔痒の感がある。なお、同事典には「怪談」も立項されていて、口承研究、書承研究の両面から参考になる。関山和夫「落語」、前掲『日本昔話事典』所収、大島建彦「怪談」、同書所収

(3) 本書のテーマから逸れるので詳述しないが、落語と昔話は伝承形態も大いに異なる。昔話の伝承は家庭内でおこなわれるが、研究者が調査対象としてきた「語り手」と呼ばれる人々は地域内でも特殊な存在である。また、個人的な力量が必要とされるため、聞き手だった者が成長して語り手になるとはかぎらない。戦後の民話運動ののち、語り手の一部はステージに立つようになったが、それは昔話の芸能化と呼ぶべき事態だと私は考えている。

（4）東大落語会編『増補　落語辞典』（青蛙房、一九九四年）によると、最初期の速記本『百花園』（一八八九―九一年）にも『そば清』は所収されていて、その後、現在まで六種の速記本に所収されているという。
（5）平岡正明「「蛇含草」、餅と蕎麦」「公評」二〇〇五年六月号、公評社
（6）武藤禎夫／岡雅彦編『噺本大系』第三巻、東京堂出版、一九七六年
（7）武藤禎夫『落語三百題――落語の戸籍調べ』上・下、東京堂出版、一九六九年
（8）本章第1節「医事説話・本草説話から落語へ」の記述は、中込の以下の論文によるところが大きい。中込重明「落語の原話研究」法政大学博士論文、二〇〇四年
（9）落語と中国説話は縁が深い。興善宏によると、落語の典拠になった中国説話のなかでは「千日酒」が最も古いということで、晋代（三世紀末）の『博物誌』にまでさかのぼるという。興膳宏「落語と中国の笑話」「東方」二〇〇五年五月号、東方書店
（10）南方熊楠「人を水にする草」「日本及日本人」第七百九十三号、政教社、一九二〇年（のち、南方熊楠『南方熊楠全集』第五巻〔文集3〕、平凡社、一九七二年）、柴田宵曲『妖異博物館』青蛙房、一九六三年
（11）岡田充博は、『子不語』にある「蛇含草消木化金」（蛇が口に含んだ草が木を消化して金となす）という一節の「蛇含草」（蛇が口に草を含む）という箇所が名詞と誤解されて「蛇含草」という怪草が生まれたのではないかと推測している。興味深い見解である。岡田充博「落語「蛇含草」をめぐって」、横浜国立大学国語・日本語教育学会編「横浜国大国語研究」第三十五号、横浜国立大学国語・日本語教育学会、二〇一七年
（12）医事説話については、美濃部重克らによる研究がある。美濃部重克「講演論文「鬼」と「虫」――

医事説話研究の視座」、伝承文学研究会編『伝承文学研究』第五十三号、三弥井書店、二〇〇四年、辻本裕成「記録の中の医師達――医事説話集『医談抄』理解のために」、南山大学日本文化学科編『南山大学日本文化学科論集』第十号、南山大学日本文化学科、二〇一〇年

(13) 伊藤龍平『江戸幻獣博物誌――妖怪と未確認動物のはざまで』青弓社、二〇一〇年

(14) 浅井了意、浅井了意全集刊行会編『浅井了意全集 仮名草子編』岩田書院、二〇〇七年(当該箇所の翻刻は、小川武彦)。

(15) 中込は、子母澤寛の『露宿洞雑筆』を引用しながら、「一見、旧来の伝承性を有する様に思われる民話も、実はその財源を吸収する速度は意外に素早いものではなかったか」と述べている(前掲「落語の原話研究」)。

(16) 前掲『日本昔話大成』第十一巻

(17) 同書

(18) 前掲『日本昔話事典』の宮地武彦「とろかし草」の項目でも、「「雀の宮」の伝説などもこの話に関係がある」としているが、『日本昔話大成』では「本格新」に分類された「雀の宮」と「笑話」に分類された「とろかし草」とでは、語りの場での語り手/聞き手の振る舞い方に違いがある。モチーフによる分類からではみえてこない点である。

(19) 関敬吾『日本昔話大成』第八巻(角川書店、一九七九年)の「とろかし草」の項から。

(20) 渡辺節子編著『奥多摩の世間話――ダムに沈んだ村で人々が語り伝えたこと』青木書店、二〇一〇年

(21) 國學院大學説話研究会ざっと昔を聴く会編、野村典彦責任編集『石川郡のざっと昔――福島県石川郡昔話集』(國學院大學説話研究会、一九九一年)にも、「蛇の話」と題して、大蛇に呑まれた老人が

普段からタバコを好んでいたために助かったという話がある。タバコの毒が回って、大蛇のほうが死んでしまったのだという。話者は「昔むかしあるところにね」と語りだしているが、最後は「昔話なのか本当なのか」とも結んでいる。このタイプの話の話され方を考えるうえで興味深い例である。

(22) 高田衛編・校注『江戸怪談集』上(岩波文庫)、岩波書店、一九八九年

(23) 同書

(24) 高田衛編・校注『江戸怪談集』中(岩波文庫)、岩波書店、一九八九年

(25) 森銑三/北川博邦編『続日本随筆大成』第十巻、吉川弘文館、一九八〇年

(26) 木越治責任編集、勝又基/木越俊介校訂代表『諸国奇談集』(「江戸怪談文芸名作選」第五巻)、国書刊行会、二〇一九年。当該箇所の校訂は勝又基。

(27) 高田衛監修、堤邦彦/杉本好伸編『近世民間異聞怪談集成』(「江戸怪異綺想文芸大系」第五巻)、国書刊行会、二〇〇三年

(28) 同書

(29) ヨナ型説話については神話学者の多くが言及しているが、ここではとくに大林太良の著作を挙げる。また、森野正子が指摘しているように、アイヌにも海神レプンエカシに呑み込まれて毛髪を失った男の伝承がある。野村純一の論考では、台湾先住民族の伝説集『生蕃伝説集』(佐山融吉/大西吉寿、杉田重蔵書店、一九二三年)にある「鯨に呑まれた男」という話を、日本の「鮭の大助」伝承と比較し、始祖伝承と捉えている。森野正子『昔話北海道』第一集、山音文学会、一九七〇年、大林太良『神話の話』(講談社学術文庫)、講談社、一九七九年、野村純一『昔話の森——桃太郎から百物語まで』大修館書店、一九九八年

(30) 余談だが、最近、実際に人が鯨に呑み込まれるという事故があった。「「すべてが真っ暗に」鯨に飲

み込まれた男性が生還」(「テレ朝news」〔https://news.tv-asahi.co.jp//news_international/articles/000219372.html〕〔二〇二二年二月アクセス〕)によると、アメリカ合衆国マサチューセッツ州で漁をしていた男性が、約三十秒間、ザトウクジラに飲み込まれたが、無事、脱出したという(正確には、鯨が驚いて吐き出したようだ)。また、以下の著作には、マレー半島のセメライ族の例として、怪物ナーガに呑まれた英雄の伝説が載っている。この男は自ら怪物の腹を切り裂いて出てきたという。同書の内容は怪しげだが、この部分については、紹介する価値ありと判断した。ピーター・コステロ『湖底怪獣――その追跡と目撃』南山宏訳(ワニの本)、KKベストセラーズ、一九七六年

(31) ただし、昔話、世間話、神話などの類別は、説話の話され方によるものであって、そこに時代的な前後関係を見いだすことはできない。

(32) 前掲『近世民間異聞怪談集成』

(33) 井上正一「奥丹後物語 草稿」「季刊民話」第一号、一声社、一九七四年

(34) ババメについては、オカルト作家の黒史郎が現地に赴き、以下のレポートを書いている。「ババメ口」という語も以下の文章によって知った。黒史郎「【ムー妖怪図鑑】恐竜の一種――落谷の化け物ババメ」「GetNavi Web」(https://getnavi.jp/e ntertainment/413835/)〔二〇二二年二月アクセス〕

(35) 社会学の立場から禿頭を論じたものに、以下がある。ジェンダー論の視点からの考察が興味深い。須長史生『ハゲを生きる――外見と男らしさの社会学』勁草書房、一九九九年

(36) 前掲『江戸怪談集』上

(37) 横井希純『阿州奇事雑話』(「阿波叢書」第一巻)、阿波郷土研究会、一九三六年

(38) 岩倉市郎「世間話数題」「高志路」第二巻第六号、新潟県民俗学会、一九三六年

(39) 島根大学昔話研究会編『島根半島漁村民話集』第二巻、島根大学昔話研究会、一九八二年

（40）同書

（41）岩崎としゑ述、松谷みよ子編著『女川・雄勝の民話——宮城　岩崎としゑの語り』（「語りによる日本の民話」第一巻）、国土社、一九八七年

（42）近世の笑い話を論じた西田耕三は、「笑話は一種の批評行為である。しかし、アフォリズムと同様、閉じようとする傾向が強い」としたうえで、話のラストの評言でそれへの抵抗がなされていると述べている。そして西田が指摘しているように、それは笑いを殺す行為だった。西田耕三「笑話と評」、日本文学協会編「日本文学」一九九八年十月号、日本文学協会

（43）前掲『江戸怪談集』上

（44）この話のラストには、落語の「落ち」に相当する効果がある。「落ち」は英語圏のジョークでいう「パンチライン（punch line）」に相当する。パンチラインが笑い話にも怪談にも用いられることは、以下の論考に指摘がある。篠田裕「怪談の構造——ジョークとの比較において（前）パンチラインの機能」「比較文化研究」第九十四号、日本比較文化学会、二〇一〇年

## コラム4　「リンゴ食べていい？」

子どものころに聞いた怪談の正体が、大人になったあと、ひょんなことからわかることがある。私の場合、こんなことがあった。小学生のときに友達から聞いた話を要約すると——ある男が山中で道に迷い、偶然見つけた一軒家に泊めてもらう。その家の人たちはみな親切だったが、どういうわけか姿を見せず、襖《ふすま》越しに片腕だけを出して応対する。奇妙に思いながらも一夜を明かし、男は礼を言ってその家を去る。それからしばらくして、男はニュースで、その家が火事で全焼したことを知る。不思議なことに、焼け跡から見つかった遺体には頭部も胴体も足もなく、数人分の片腕の骨だけがあったという。

うろ覚えだが、こんな内容だったと思う。謎の家族が何者だったのか最後まで明かされないままの、唐突なラスト。子ども心に、なんとも薄気味悪い話だと思った。

その後、この話のことは忘れていたのだが、大学生になって、別の友人がその話をしたので思い出した。彼によると、「『天才バカボン』の話だよ」とのこと。ありえそうな、ありえなさそうな……そのときは深く調べずにそのままにしていたが、さらに時が流れてインターネットの時代になり、実際に『天才バカボン』のエピソードだとわかった。

検索すれば、すぐに出てくる。便利な時代だ。原作では「三十年目の初顔合せなのだ」、アニメでは「かわった友だち」というエピソードがそれで、この話を聞いてから四半世紀後に、ようやく正体がわかった。ネットでも人気がある話だそうだが、何となく真相を知りたくなかったような気もする。鬼才・赤塚不二夫らしい不条理な内容ではあるものの、創作だとわかると興が削がれるのは、実話怪談好きの性《さが》だろうか。

子どものころに聞いて、気になっている怪談がもう一つある。こんな話だ。

——ある農家の夫婦が、畑仕事をしていた。畑近くの家には子どもが二人、留守番である。小学校低学年の長女が、まだ赤ちゃんの次女の面倒を見ていた。おやつの時間になり、長女が「ねぇ、仏壇の前のリンゴ食べていいー？」と声をかけると、母親は作業の手を止めずに「いいよー」と答えた。夕方になって両親が家に戻ると、長女は口を血だらけにして立っていた。手には、血に染まった次女の生首。驚いた両親に、長女は笑いながらこう言った。「だって、仏壇の前のリン子、食べていいって言ったでしょ」。そう、次女の名前はリン子というのだった。

これまた、気味の悪い話だ。リンゴ／リン子の掛け詞が軸になっているので、日本産の話だと思うのだが、元ネタはあるのだろうか。一度、テレビであるタレントがこの話をしているのを聞いたことがあるが、よくわからない。いずれ、正体がわかる日がくるだろう。

# 第5章　優しい幽霊たちのいる墓場
## ――鄭清文の童話「紅亀粿」

### はじめに――ある童話作家の死

鄭清文さんが亡くなった（二〇一七年没。享年八十五）。台湾を代表するこの童話作家とは、元同僚の葉蓁蓁さん（台湾・南台科技大学教員）を通じて知己を得た。作品そのままの穏やかな人柄。葬儀は蔡英文総統も参列するなど大規模なものだったが、温かな空気に包まれていた。末席に着いた私は、この不思議な作風の作家の来し方を思っていた。(1)

鄭清文（以下、敬称略）によれば、台湾独自の童話がないのを憂えたことが、この方面の創作を始めるきっかけになったという。鄭の言葉を引用すれば――「幼いころ、わたしはめったに童話にふれる機会がありませんでした。ただ、日本語の教科書で、「桃太郎」や「浦島太郎」などのような、日本の童話を読んだことがあるだけでした[2]」。

正確にいうと、童話と昔話は異なる。童話は児童向けの創作作品のことだが、昔話は必ずしも児童向けではない。とはいえ、昔話が童話化した例は少なくないし、伝承文学（とくに口承文芸）研究と児童文学研究は隣接分野で、重なり合う部分も多い。にもかかわらず、口承文芸研究で童話という語が使いにくいのは、柳田國男がこの語を嫌ったからである[3]。昔話に日本人の固有信仰を読み取ろうとする柳田にとって、童話という言葉には夾雑物が多いと感じたのだろう。それでも口承文芸研究が童話を避けて通れないのは、「声」の問題に関わるからだ[4]。識字率が著しく上昇した現代日本では、文字が読めない人に会う可能性はほぼない。そうしたなかで、確実に文字を理解しない層が、幼児である。童話の読者は、識字能力の未熟な年齢層であり、そのために、大人による読み聞かせの声が介在することになる。

図5-1　鄭清文（撮影：周相露）

童話の仕掛けは、児童の興味をつなぎとめるためのものであり、それは文体と個性的な登場人物、印象的なガジェット（小道具）などによって成り立つ。そして、これらの仕掛けを生かすのが、読み聞かせの声である。

童話と怪談は結び付きやすい。子どもが怖い話を好むのは危険を察知し、避けなければいけない年齢だからであり、大人が怖い童話を子どもに与えるのは危険を察知する能力を鍛えたいからだろう。それは生きるのに必要で、大人になる過程で身に付ける必要がある能力である。怪談が童話となじみやすいのは当然といえる。

ここで取り上げる作品は「紅亀粿《アングエイ》」。鄭の自作解説によると、「ある部分は、人から聞いた話が含まれて[5]」いるということで、民間伝承に裏打ちされた創作である。[6]本章では作品世界を支えるガジェット(小道具、仕掛け)と、語りの人称に注目しながら、怪談と童話の関係について考えてみたい。本文の引用は岡崎郁子の邦訳によっているが、適宜、原文を参照した。[7]

## 1　肝試しの夜

まずは、タイトルの「紅亀粿」について。以下、「紅亀粿」の引用は鄭清文『阿里山の神木――台湾の創作童話』(岡崎郁子編訳〔研文選書〕、研文出版、一九九三年)による。同作品を翻訳した岡崎の「作品解題」ではこう解説されている――「糯米で作る「紅亀粿」は、モチの一種で、台湾語で「紅亀粿」といいます。餡には小豆を用いることが多く、モチに赤い色をつけ、その表面に亀甲の文様をつけます。土地公と呼ばれる土地神様にお供えしたり、宗教的な儀式のときに使います」(『阿里山の神木』)。

土地公とは名前のとおり、土地の守り神。台湾人にとっては最も身近な神さまで、日本でいえば、お地蔵さまやお稲荷さんのように、地域に溶け込んで人々を見守る存在である。だから「宗教的な儀式」といっても、さほど物々しいものではない。

岡崎はこの小説のタイトルを「モチ」と訳しているが、中国語の「粿」と日本語の「餅」とは、食品としても別物だし、文化的背景も異なる。ここはやはり、中国語のまま「紅亀粿」とすべきではなかっただろうか。岡崎の訳は平明で伸びやかで好ましいのだが、この点だけは指摘しておく。

小説は、「秋の終わりか初めの、神様に感謝して演じる年末芝居のあと」「下埔《シャアプー》の甲長《こうちょう》である長《チャン》寿《ショウ》じい〔原文は「長寿叔」：引用者注〕の家に、二、三十人の若者が」集まっているところから始まる。彼らは自警団なのである。「甲長」というのは、地域住民の自治組織である保甲制度の長のこと[8]。清朝時代の制度だが、為政者にとって都合がいいので日本統治下でも引き継がれた。廃止されたのは、日本の植民地統治が終わる一九四五年である。

図5-2　紅亀粿（撮影：陳卉如）

舞台になった「下埔」は台湾各地にある地名で、鄭清文の故郷・桃園県（台湾北部）にも、私が確認できただけで二カ所ある。作品理解のためには、台湾の田舎であればいいので、深く詮索する必要はないだろう。

さて、小雨そぼ降る夜、若者たちが雑談をしているうちに、村でいちばん度胸があるのは誰か決めようということになった。方法は、最近、幽霊（原文では「鬼《グェイ》」）が出るという噂の

図5-3　『燕心果』（筆者所有）

観音寺の墓地に行って、十二個の紅亀粿を、下埔と頂埔の土地公廟と、その途中の幽霊が出るという噂がある十の墓に一つずつ置いていくというもの。いわゆる「肝試し」である。「肝試し」がテーマになった怪談は古今に例が多い。

それで、三人の若者が紅亀粿を持って墓地へと向かうのだが、みな、ほうほうのていで逃げ帰ってくる。長寿じいが、ほかに行く者はいないかと問うと、阿和《アハー》という若者が名乗りをあげる（「阿」は親称）。これは意外なことだったようで、本文にも「阿和に度胸があるとは、だれも思っていません」とあり、長寿じいも「ほんとうに行くのか」と確認している。普段はおとなしい青年なのだろう。この阿和という青年が、本作品の主人公になる。彼が肝試しに参加しようと思った理由は、あとになってわかる。

肝試しに行った阿和は、次々と幽霊たちに会い、お墓の前に紅亀粿を置いていく。以下に、その様子を追いながら作品を読み進めていく。

一人目の幽霊は、阿本《アベン》おじさん。近隣の村で唯一の「秀才」（科挙合格者）になった人だ。成功者

図5-4　台湾の墓（撮影：盧承）

らしく墓も大きい。生前は小言ばかり言うので、みなから恐れられていた。死後も墓の奥からぶつぶつと小言が聞こえ、ため息や歩き回る音が聞こえる。「科挙に合格」というからには日本統治時代（一八九五—一九四五年）以前の人なのだろう。科挙制度は清朝末期の一九〇四年に廃止されたが、台湾では日本の植民地統治が始まる一八九五年に消滅した。阿本の描写から科挙合格者の村内での位置づけがよくわかる。満ち足りた人生を送った彼が、なぜ現世に迷っているのかというと、過失によって罪がない女性を死に追いやったのを悔いているからだった（後述）。阿和は、阿本の墓に紅亀粿を置いて、次の墓へと向かう。

　二人目の幽霊は、阿発《アフォ》おじさんの奥さん。気が小さく、「動乱」の際に逃げようとして、慌ててかまどに頭を突っ込んでいたところを、夫に尻を叩かれ（日本軍に襲われたと思ったのだろう）、「助けて、助けて」と叫びながら気がふれた。原文では「蕃仔反」（先住民族による反乱）としか記されていないが、これが一九三〇年に起きた霧社事件（日本統治時代最大の先住民族による武装蜂起）を指しているのは明白で、そのため「日本が台湾を植民地にしてから起きた「動乱」」と訳されている。死後も、墓のなかから「助けて、助けて」という声が聞こえる。コミカルに描かれているが、時代の悲劇というべき話である。ここから、作品の時代設定が日本統治時代終了後、しばらくしてのことだと知れる。阿和は「おばさん、だいじょうぶだよ」と声をかけ、紅亀粿を置いて墓をあとにした。

三人目の幽霊は、ばくち打ちの阿欽《アチン》。墓のなかから、ばくちを打つときの声と、サイコロの音が聞こえる。三年前に亡くなったばかりの新しい幽霊だが、ばくち打ちたちが、賭け事の前に阿欽の墓参りをするようになったというのは興味深い。盗人や無頼漢が、死後、信仰を集める例はしばしばあるが、そうした人神化の初発の段階とみなせるからである。背景には台湾の賭博文化がある。

四人目と五人目の幽霊は、阿煌《アホワン》夫婦。生前はけんかばかりしていたが、夫の死後、妻は急速に弱り、ほどなくして亡くなる。臨終に際して、妻は夫と同じ墓に埋葬してくれるよう遺言した。台湾では、夫婦のうち先に死んだほうの墓が建てられ、その横のスペースをあとからくる連れ合いのためにに空けておくという習慣がある。けんかするほど仲がいい、あの世では仲むつまじく……というわけにはいかず、死後も、墓のなかから夫婦げんかの声が聞こえる。

こうして阿和は次々と幽霊に会い、紅亀粿を墓の上に置いていくわけだが、そのまなざしは、どこまでも優しい。その理由は、生前の彼ら彼女らを、直接・間接に見聞きして知っているからだ。幽霊とは、昔死んだ人、かつて生きていた人である。阿和は、あくまでも、幽霊を個性ある人間として捉えている。(9)

岡崎は「作品解題」で、次のように述べている——「阿和はその一人一人の霊をやさしく慰めていきます。彼にとっては、これは肝だめしではなく、自分のよく知っていたなつかしい人々に、再び会いに行くというだけのことだったのです」。

もっとも、それはほかの肝試し参加者も同じはずである。では、なぜ彼らは逃げ出し、阿和は平気なのか。その理由は、もう少し先を読むとわかる。

## 2　生者に気づく幽霊、気づかない幽霊

六人目の幽霊は、来好《ライハオ》という女乞食。本文には、「乞食をしていたものには、墓などないのが普通なのですが、親切な長寿じいが、来好を埋葬してあげたばかりか、墓碑も刻んであげたのです」とある。阿和が紅亀粿を墓の上に置くと、突然、一本の手が墓のそばから伸びてきて、「もう一つ、ちょうだい」と言う。手は細長く爪も伸び、怪しい燐光を放っていた。

これまで登場してきた幽霊たちは、物音を響かせたり、声を発したりはするが、姿は見せなかった。ここで初めて幽霊が部分的にではあるが現れ、読む者をギョッとさせる。

阿和が返事をしないと、さらにするすると手が伸びてきて、紅亀粿を入れた籠ごとつかもうとする。阿和は「だめだよ。一人に一つとなっているから」と言って、次の墓へ向かう。おとなしく引き下がっていることから、この女乞食の幽霊がそれほど悪意がないものだとわかる。普段、墓参に

来る人もいないのだろう。幸薄い女性の幽霊だと思われる。

この女乞食の幽霊は、これまでの幽霊たちとは明らかに異なる。これまでの五人の幽霊たちは姿を見せず、阿和に危害を加えないばかりか、相手にもしていない。というより、阿和の存在に気づいていない。しかし、女乞食・来好の幽霊は、阿和の姿を認めて近寄ってくるのである。

イギリスの神霊研究家で古今の幽霊話を収集したロジャー・クラークは、著書のなかでさりげなく重要な指摘をしている。いわく――「生者に気づいている幽霊もいれば、気づいていない幽霊もいるようだった」[10]。前者の幽霊も、必ずしも人間に危害を加えるわけではないが、多くの場合、人間とのあいだに何らかの関係性が生じる。しかし、後者の幽霊は、人間とは無関心・無関係に別の時空にいる。

台湾では、幽霊が見える能力のことを「陰陽眼《インヤンイエン》」という[11]。日本語でいえば「霊感」という語が近い。陰陽眼をもっている台湾の知人の話では、幽霊たちの多くは普通の人の群れに交じっているが、必ずしも、生者に気づいているわけではないということだった。

七人目の幽霊は、不幸な死に方をした阿友《アヨウ》という男。本文には「人にさらわれて、首を斬り落とされたのです」とあり、明記はされていないが、先住民族の首狩りに遭ったことが暗示されている。遺体は父親が埋葬したが、頭はまだ見つかっていない。以下、本文を引用すると――「阿友は墓の上にいました。頭がなく、首が肩よりも下のほうに縮んでしまっています。服は剝ぎとられ、首からふた筋の血が吹き出し、ひと筋はそれほどでもありませんが、ひと筋は量が多くて、肩や胸や背中に流れています」。

ここでいきなり、幽霊の全身像がはっきりと描かれる。これまでの幽霊たちの描写が牧歌的でどこかユーモラスだったのに比べると、かなりグロテスクな描写である。この落差は読者（読み聞かせを想定するなら、聞き手）に不意打ちを食らわせる効果がある。

台湾の先住民族の出草（首狩り）の風習は二十世紀初頭まで続き、為政者たち（清朝政府・日本政府）を悩ませた。日本政府（台湾総督府）の統計によると、十年間で六千人以上の人が首狩りに遭い、命を落としている。[12]

頭がない幽霊は中華圏の怪談に多く、そのまま「無頭鬼《ウートゥグェイ》」と呼ばれる。[13]頭がない理由については、戦死よりも刑死した人の霊だからとされることが多い。一例を挙げると、台南市の某デパートは日本統治時代の監獄の跡地に建てられたため、いまでも無頭鬼の噂が絶えない。もっとも、監獄と処刑場とは違うし（兼ねていたとする証言もあるが）、当時の処刑方法も斬首ではなかったのだが、刑死した人物の表象として「頭がない」という描写がされるのである。

阿和が見た無頭鬼・阿友は、姿こそ恐ろしいものの、襲いかかってくる様子もなく、ただ「ぐるぐる歩き回って」「手さぐり」をしているだけだった。「自分の首を捜しているのだと、だれかがいっていました」とあるので、阿和より前に目撃した人がいるのだろう。阿和が置いた紅亀粿を「首のあたりへ押しこ」んだあと、また、手さぐりを始めたとある。阿和の存在に気づいてはいるものの、頭を捜すのに忙しく、危害は加えないようである。

このように、「紅亀粿」に登場する幽霊たちは、当初は姿を見せなかったものが、次第に姿を見せるようになり（不可視→可視）、主人公・阿和との関係も、①「無関心（気づいていない）」→②

「関心を寄せるが、危害は加えない」へと変化している。とすれば、次に想定されるのは、③「関心を寄せ、危害を加える」パターンである。

八人目の幽霊は、阿草《アツアオ》という女性。彼女は生前、阿本おじさん（一人目の幽霊）に窃盗の疑いで追い詰められ、無実だったにもかかわらず首を吊った。阿本も悪意はなかったが、過失で不幸な結果を招いた。ここには、当時の台湾の田舎の人間関係の縮図を垣間見ることができる。村で唯一の科挙合格者だった阿本という人物の権威が（作中では彼の職業にふれられていないが、役人だったと思われる）、一人の女性を死に追いやったのである。

阿和が竹やぶを通ったとき、彼女は現れた。この竹やぶで、彼女は首を吊ったのである。本文を引用すると――「阿和が見上げると、竹やぶの上に、阿草の上半身が高く伸びています。髪の毛は長く垂れさがって、青白い顔にかかっています。大きく見開いた目は、血走っています。真っ赤な舌は、髪の毛よりも長く、腰のあたりまで伸びています」。

これは中華圏の怪談に出てくる、典型的な「縊鬼《イーグェイ》」（「縊死鬼《イースーグェイ》」ともいう）の姿である。古典作品の縊鬼もこの姿で出てくるが、現在の台湾人にもこのイメージは受け継がれている。以前、勤務校だった台湾・南台科技大学の学生たちに「鬼（幽霊）の絵を描いてください」というアンケートをしたところ、明らかに縊鬼のイメージを形作る要素――「充血して大きく見開いた目」「長い舌」「ザンバラ髪」――を組み合わせて描く学生が多かった。(14)

無頭鬼の阿友と縊鬼の阿草は、これまでの幽霊たちとは違う。これまでの幽霊たちは、死後も妄執が残っているとはいえ、死因は自然死である。誰かを恨んでいるわけでもないし、人に危害を加えようともしない。それに対して、「紅亀粿」という作品で、可視的に描かれる幽霊たちは（女乞食の来好も含めて）みな不幸な死に方をしている[15]。

とくに阿草は自殺、それも恨みを残して死んだ幽霊（「厲鬼《リーグエイ》」という）である。あからさまに、阿和の命を狙う。一方、首を狩られた阿友の幽霊が恨みを抱いていないようにみえるのは不思議である。思うに、先住民族による首狩りは、天災の一種と捉えられていたのではないだろうか。

## 3　替屍鬼と童養媳

続く阿草の行動も、縊鬼の典型である――「彼女は手に、輪にした縄を持っていました。その縄を見たとたん、阿和は、自分の首を伸ばして、締めてもらいたくなりました」。縊鬼に魅入られた者はふらふらと死にたくなり、自ら命を絶つ。自分の意思で行動しているつもりなのに、知らないあいだに死者にコントロールされているという点が怖い。

ほかの幽霊たちが自分の墓のそばに現れているのに対して、彼女だけが自殺現場である竹やぶに出ている点にも留意したい。彼女は「替屍鬼《ティースーグエイ》」でもあるのだ。替屍鬼とは、不幸な死に方をし、祀られていない者の幽霊で、自分が死んだ場所にとどまり続け、身代わりを探す[16]。替屍鬼は身代わりの人を殺すことによって成仏するが、代わりに、その殺された人が次の替屍鬼になる。そのようにして、その土地では負の連鎖が続いていく。呪われた土地である。本文でも「身代わり」（中国語の原文では「替身」という語が用いられている。縊鬼が替屍鬼になるケースは多い。阿和は、身代わりに選ばれてしまったのだ。

「地縛霊」という語はもとは英語だそうだが、同様の発想は世界各地にある。日本でいえば、早くから化物屋敷の例があるし、近年の心霊スポットもそうだ。もっとも、中華圏の替屍鬼のように、身代わりを求める例は少ないようだ。

さて、我に返った阿和は逃れようとするが、縊鬼・阿草は竹を自在に操って追い詰める。竹が次々と倒れかかってきたり、竹の梢がするする伸びて体に絡みついてきたりするのだ。その描写は非常に映像的で迫力がある。

この部分は鄭の創作かもしれないが、台湾の民間伝承には、「竹篙鬼《テッコオクイ》」（「竹鬼」「竹竿鬼」ともいう）という鬼（この場合は「妖怪」と訳すべきだろう）の話がある。[17] 文字どおり竹の姿をしていて、ぴょんぴょん跳びはねて人を襲う。ただし、竹そのものが化けた妖怪なのか、何かが竹に化けた妖怪なのかは不明。日本にはあまり例がないタイプの妖怪である。

結局、阿草の幽霊は阿和を捕らえるものの、殺そうとしない。自分を死に追いやった阿本に復讐していないのが未練だからだ。だが、阿本はすでに故人である。このままではいつまでたっても成仏できない。阿和はこう話しかける――「さっき、阿本おじさんの墓を通ったとき、おじさんは、まだため息をついていたよ。きっと間違ったことをしたと思って、ずっと後悔してるんだと思う。阿草はかしこいから、なるべく早く生まれ変わったほうがいいと思うよ」。阿和の言葉を聞いた彼女は、すーっと姿を消す。成仏できたのだろう。それは阿本にとっても救いだったはずだ。

阿和の視線は、殺意をもって襲いかかってくる幽霊に対してさえも優しい。その優しさの源はどこにあったのかが、次のエピソードからわかる。

九人目の幽霊は、阿腰《アヤオ》という若い女性。本文には「阿和のいいなづけ」「阿和のおよめさんになる人でした」とある。ふたりは相思相愛の仲だったが、彼女は阿和に嫁ぐことはなく、十代で自ら命を絶った。以下のエピソードを理解するには、近代以前の台湾の婚姻習俗と、女性が置かれた立場を理解しなければならない。

現在の台湾の寺廟では、縁結びの赤い糸（「紅線《フォンシェン》」という）が売られていることが多い。いわゆる「運命の赤い糸」で、結ばれたい相手のことを念じて買うのである。男女の別はないが、購入するのは圧倒的に女性が多いという。縁結びの神様・月下老人も人気がある。

陳卉如によると、この風潮は一九七〇年代に始まるという[18]。当時の台湾は国民党の独裁政権下だったが、次第に自由な気風が芽生えはじめ、女性の意識も変わっていった。将来の結婚相手とは赤い糸で結ばれているのではない、自分の意思で結ぶのだ。運命は自らの手で選び取るもの。赤い糸を買う行為にはそうした意思が見て取れる。

では、それ以前、近代・前近代（清朝時代・日本統治時代）の台湾の女性にとって、恋愛とは、結婚とはどのようなものだったのか。

訳文では、阿腰は「阿和のいいなづけ」「阿和のおよめさんになる人」とあるが、日本の読者には注釈が必要である。日本語訳では「いいなづけ」とされているが、原文によると、彼女は童養媳《トンヤンシー》だったのである[19]。

「童養媳」は、台湾語では「媳婦仔《シンプーア》」、客家語では「苗媳《ミャウシッ》」「小媳嫁《セーシッヨン》」という。現在の台湾では過去のものになったが、かつて童養媳だった女性はいまでもいるし、母親や祖母が童養媳だったという人も珍しくない。「童養婚」は中国の婚姻形態の一種で、童養媳は童養婚によって嫁いだ女性を指す。まだ幼女のうちに嫁ぎ先の家に買い取られ（その時点では、相手の男性も幼児）、家の仕事をしながら養育され、成人すると、その家の嫁になる。起源は、宋代（十一世紀）にまでさかのぼるという。二十世紀になって廃れたが、一九六〇年代まではみられた風習である。日本の足入れ婚のようなものではない[20]。

時代の状況のことを考えると、童養媳の風習を一概に悪と断じることはできない。貧しい家の娘の場合、裕福な家の童養媳になれば生活を安定させられる。童養媳を出す家にとっては養育費を軽減できるし、迎える家にとっては早くから労働力になる。社会保障が整備されていない時代にあって、セーフティーネットとして機能していた側面もあった。しかしながら、そこに童養媳になる女性の意思は微塵もない。童養媳の悲劇を歌った民謡は多く、小説や映画の題材にもなった[21]。

ただ、幸いなことに、阿和と阿腰は仲がよかった。風習や制度と個人の感情とは別である。童養媳というかたちであれ、このまま結ばれていれば幸せな夫婦になるはずだったが、運命はそれを許さなかった。阿和の家の家計が窮乏したため、阿腰は町へ身売りに出されたのだ。阿腰が十五歳、阿和が十三歳のときのことである（数え年）。本文では体を売ったとははっきりと書かれていないものの、それとわかるように暗示されている[22]。

三年後、阿腰は戻ってきて、阿和と夫婦になる準備を始めるが、町で阿腰と「遊んだ」という男が現れ、阿和は阿腰を嫌うようになる。まだ十五歳の少年なのだ。悲しんだ阿腰は「自分が望んだことではない」と訴えるものの、許してもらえず、面天池という池に身を投じる。そのときになって初めて、阿和は自分が取り返しのつかないことをしたと気づく。

## 4　怪異譚か、純愛譚か

肝試し以前に、すでに阿和は阿腰の幽霊を見ている。阿和が池に夜釣りに行ったときのことだ。阿腰の幽霊はこう話しかける――「水のなかはとても苦しいけど、阿和のことを待っているの、生きているあいだは阿和のお嫁さんになれなかったけど、あたしは死んでも阿和のもの、でも阿和に汚れた女だといわれたから、面天池の水で洗って、からだを清めているの」。

阿腰の思いを知った阿和は、生涯、嫁をもらわないことに決める。阿和にとって、死者が、幽霊が「懐かしい人たち」になったのはこのときだろう。幽霊に怯えて逃げ出したほかの肝試し参加者との違いはここにある。[23]

阿腰は、中華圏では典型的な「水鬼《シュエグェイ》」である。水死した者の幽霊で（事故、事件、自殺とケースはさまざま）、水中に潜んでいて、近づく者を引きずり込んで殺す、恐ろしい存在である。人を襲う理由は、生まれ変わるためである。縊鬼と同じく水鬼も替屍鬼なのだ。現在の台湾でも、水鬼の噂は絶えない。

ここで、阿腰が「水のなかはとても苦しいけど」と話している点に留意したい。水中に潜んでいて通りかかる人を襲う水鬼の行動は日本の河童に類するが、水鬼自身も水中でもがき苦しんでいる（水牢に入れられている）点が異なる。そのために、水鬼は一日でも早く、身代わりを見つけようとする。台湾のお盆行事「放水燈」はそうした水鬼の苦しみを和らげるためにおこなわれる（放水燈の由来については諸説ある）。この阿腰の台詞は、民間の水鬼伝承にのっとったものである。(24)けれども、そのあとに続く「阿和のことを待っているの」という阿腰の言葉は、誰彼かまわずに人を襲う水鬼の行動を逸脱している。通常、水鬼が特定の人物を狙うことはない。阿腰の台詞は、前半で民間伝承に寄り添いながらも、後半でそこから離れることによって、見事に彼女の純情を表している。

肝試しの夜、阿和は墓の前にたたずむ阿腰に会う。「全身ぐっしょり濡れて、髪をふり乱したまま、うなだれて」立っているその姿は一般的な水鬼のイメージだが、読者はすでに彼女の境遇を知っているので、儚さはあっても恐怖感はない。降りしきる雨のなか、阿和の体もずぶ濡れだったが、彼は「阿腰はもっと寒いだろう」と思いやる。

阿和は、母親が亡くなったいま、もう何も気にかけることはないから、阿腰のところに行こうと決めていたのだ。阿和は、肝試しの紅亀粿をすべて置き終わったらここに戻ってくると約束して、次の墓へと向かう。二、三歩はついてきた阿腰だったが、聞き分けて、そこにとどまる。死後も、二人の信頼関係は変わっていない。

この作品の中心は阿和と阿腰の物語なのだが、このエピソードを小説の最後にもってこなかったところに、構成の巧みさがある。

十人目の幽霊は、阿心《アシン》ねえさん。未婚のまま三十八歳で死んだ女性である。生前は焼きそば売りの仕事をしていて、近隣で評判の味だったが、それが婚期を遅らせた。背景には、台湾の屋台文化がある。彼女の墓からは焼きそばを作る匂いがしていた。その匂いを嗅ぐと、客か夫にされてしまうのだという。嗅覚に訴える幽霊の例である。

阿和が紅亀粿を墓前に置くと、遠くから阿腰が心配そうに見ているのに気づいた。許婚としては、焼きそばの匂いに誘われて、未来の夫が別の女（の幽霊）のところに行ってしまうのではないかと、気が気でないのだ。死後も変わらぬ乙女心である。

十一人目の幽霊は、棺おけ旺《ワン》（原文は「棺材旺」）。あだ名どおり、生前は棺桶づくりの職人だった。生涯で六百の棺桶を売るという誓いを立てたが、願いはかなわず、百八十九個を売ったところで、三十三歳で死んだ。だから、死後も墓のなかから棺桶を作るときの釘を打つ音が聞こえ、その音を聞いた者は三日以内に死ぬという。阿和が「もう棺おけを作らなくていいよ。残りの四百十一は、全部ボクが買うよ」と言うと、釘の音はやんだ。

作中、阿和の家が裕福だったという描写はない。少年時代のことだが、童養媳の阿腰を身売りしなければならなかったのだから、貧しいほうだったのだろう。それなのに、そんな大金を使うところに彼の覚悟が読み取れる。もう阿和には、この世に未練はなかったのだ。

そもそも、おとなしい性格の彼が肝試しに参加しようと思ったのも、阿腰のところに行きたかったからだと思われる。幽霊たちへのまなざしの優しさも、ここに起因する。

図5-5　台南市内の土地公廟（撮影：蔡静昀）

十二番目の――最後の幽霊は、阿琳《アリン》。近隣でいちばん法力の強い道士で、「妖怪や亡霊を追いはらったり、呼び戻したりするのが仕事」だったが、幽霊に命を奪われる。いまでも、墓のなかから、鈴の音が聞こえるという（鈴は道士が魂を呼ぶときに使う道具）。阿和は道士の墓に紅亀粿を置くと、最後の目的地である、土地公の廟に向かって歩いていく。[25]

ついに阿和は土地公廟に着き、最後の紅亀粿を供える。すると突然、土地公廟から「ひと筋の赤い光」が飛び出すと、阿腰は「ひと筋の青い光」になって逃げ回る。土地公は地域住民の安全を守る神さま。水鬼であり替屍鬼でもある阿腰を追い払おうとしたのだ。阿和は叫ぶ――「土地公様、あのかわいそうな阿腰を、追い回さないでください。お願いします」と。その言葉を聞いた土地公の赤い光は、廟に引き返していった。

あとに残されたのは、阿和と阿腰の二人だけ。「待ちこがれているような目で」見つめている阿腰に、阿和はゆっくりと近づいていった。

小説はここで場面が変わる。翌朝、とうとう帰ってこなかった阿和を迎えに行った長寿じいと村の若者たちは、墓と廟に供えられた紅亀粿を見つけ、阿和が肝試しを果たしたことを知る。一躍、阿和は近隣の村でいちばんの勇者として称賛されたが、肝心の本人の姿はどこにも見当たらない。

その後、阿腰の墓の土に掘られた跡があるのが見つかり、「阿和は、阿腰に引っぱり込まれた」のだということで、大騒ぎになる。小説は、長寿じいが村人に命じて、阿腰の墓の隣に阿和の墓を作らせたところで終わる。

他人が思い描く物語としては、肝試しに挑んだ若者が、かつての許婚の幽霊に殺された――というこことになるのだろう。しかし、当人たちには、他人には知れない別の物語があった。他者の人生を物語化することの暴力性がここにある。

## おわりに――ガジェットと人称

「紅亀粿」では、作品を支えるガジェットとして、多くの民俗事象が織り込まれている。ざっと挙げてみても、紅亀粿、年末芝居、土地公、保甲制、墓制、賭博、先住民族の首狩り、鬼（幽霊・妖怪）、童養媳、屋台、道士……短い作品にこれほどの事象を入れながら、少しもうるさくないのは、希代のストーリーテラー鄭清文の力量ゆえにほかならない。

もう一点考えてみたいのは、「語り」の人称についてだ。「紅亀粿」の視点人物は阿和だが、三人称全知視点（いわゆる「神の視点」）で叙述されている。だからラストの阿和と阿腰の心の交流と、そのあとの、登場人物が全員退場し、誰もいなくなるという状況を描くことができた。

この場面（視点人物＝主人公の消失）を、世間話（口承説話の一分野。同時代の話のこと）で描写するのは不可能である。一人称の世間話では「紅亀粿」のラストのような展開を描けないが（そのとき、お前はどこにいたんだね？）、かといって三人称の世間話でも話の世界が破綻する（その場面を誰が見たんだね？）。

昔話や伝説ならば、もちろん可能だ。昔話や伝説でも視点人物は設定されるが、基本的に、三人称全知視点で話は進められる。[26] これは、声か文字かという問題ではない。「紅亀粿」を読み聞かせした場合でも、ラストの描写は成り立つからである。読み聞かせをする朗読者の声で可能なものが、世間話の話者の声では不可能なのだ。これは要するに、同じ話者でも、昔話や伝説をしているときの身体と、世間話をしているときの身体とでは、性質が異なるということを意味する。なぜ昔話や伝説で可能なことが世間話では不可能なのか。そうした問題に気づかせてくれるという意味でも、童話に注目する必要があるだろう。

注

（1）近年、鄭清文に関する研究も進んでいて、シンポジウムのテーマにされたほか、修士論文だけでも四十本以上が提出されている。そのほとんどが二〇〇〇年以降に書かれたもので、今後、さらに研究が進むものと思われる。

（2）鄭清文、徐偉繪圖『採桃記——鄭清文童話』（〔本土新書〕、玉山社、二〇〇四年）の序文から。鄭清文『阿里山の神木——台湾の創作童話』（岡崎郁子編訳〔研文選書〕、研文出版、一九九三年）の

「日本語訳の出版によせて」でも、同様の発言がある。

（3）柳田の「童話」観は『口承文芸史考』の「童話というもの」という章に、端的に記されている。「童話」という語を「まだ満足な日本語ではない」とする柳田は、昔話が本来は児童向けのものではなかったこと、童話作家たちが昔話を「日本童話」「在来の童話」と呼ぶことによる用語の混交を危惧している。柳田國男『口承文芸史考』中央公論社、一九四七年

（4）この点について、宮川健郎は「文字の読めない幼児をも読者としてかかえこむ児童文学は、今日にいたるまで音読（子どもに読んで聞かせる、子ども自身が声を出して読む）ときりはなすことはできない」としている。また、中川理恵子は「子どものための本は、その書かれる文章にも「聞く」という要素が求められることになる」と述べている。宮川健郎「「声」のわかれ——文体の二〇世紀」、日本児童文学者協会編「日本児童文学」第四十六巻第五号、日本児童文学者協会、二〇〇〇年、中川理恵子「読む物語と聞く物語——巖谷小波の場合」、紋説舎編「文学批評　紋説　三」第十二号、花書院、二〇一五年

（5）前掲「日本語版の出版によせて」

（6）鄭清文は、約五十年に及ぶ活動歴のなかで幾度か作風を変えていて、ジャンルも多岐にわたっている。「童話」と銘打たれたものでも、対象年齢はさまざまである。徐錦成は、鄭の作歴を四期に分けているが、「紅亀粿」はその一番目の時期（一九七七―八五年）にあたる（徐は『燕心果』時期」と呼んでいる）。徐錦成『鄭清文童話現象研究——台湾文学史的思考』秀威資訊科技、二〇〇七年

（7）「紅亀粿」の初出は「民衆日報」一九七八年十月一日・二日付（副刊）。のち、鄭清文『燕心果』（号角出版社、一九八三年）に所収された。その後、岡崎郁子によって日本語訳され、前述の『阿里山の神木』に所収された。本章では、岡崎による訳文を用いながら、適宜、原文を参照した。

（8）台湾総督府によって再編された保甲制度の実態については、矢内原忠雄『帝国主義下の台湾』（岩波書店、一九二九年）に詳しい。同書は一九八八年に岩波書店から復刊され、また、矢内原忠雄、若林正丈編『矢内原忠雄「帝国主義下の台湾」精読』（〔岩波現代文庫〕、岩波書店、二〇〇一年）も刊行された。

（9）鄭清文の作品の特色を、農耕社会から現代社会への過渡期の描写にあると読み解く黄靖涵は、郷土愛と民間信仰を軸に「紅亀粿」に登場する幽霊たちを論じている。また、陳詩尊は、鄭清文の作品が、故事（説話）の形式を模していて、中国の伝統文化を描きながらも、台湾文学であろうとしていると述べ、「紅亀粿」を幽霊話に託してかつての台湾の農村の生活を描いた作品としている。黄靖涵「鄭清文童話主題研究」国立政治大学修士論文、二〇〇八年、陳詩尊「従《燕心果》到《採桃記》――鄭清文童話研究」国立雲林科技大学修士論文、二〇〇九年

（10）ロジャー・クラーク『幽霊とは何か――五百年の歴史から探るその正体』桐谷知未訳、国書刊行会、二〇一六年

（11）「陰陽眼」については、以下を参照。伊藤龍平／謝佳静『現代台湾鬼譚――海を渡った「学校の怪談」』青弓社、二〇一二年

（12）首狩りの風習を「儀礼的な暴力」とする金子えりかは、その発想の核心が「相手を殺して首を刎ねることにあるのではなく、入手した首級をその潜在力が顕現するよう儀礼的に取り扱うという点」にあり、「首級は、儀礼的注視の焦点であり、共同体全体や個人の恩恵と結びつけられる」ことを指摘している。金子えりか「歴史的な慣習としての首狩、そして、過去を克服する必要」、日本順益台湾原住民研究会編『台湾原住民研究』第四号、風響社、一九九九年

（13）「無頭鬼」については、前掲『鬼趣談義』を参照。

(14) 前掲『現代台湾鬼譚』、前掲『鬼趣談義』にも記述がある。

(15) 陳琪文は、「紅亀粿」の幽霊たちを、①「冤死類型」(阿友、阿草、阿琳)、②「抱憾而死類型」(阿本、阿腰、阿心、阿旺)、③「悪習難改類型」(阿発姆、阿欽、来好、阿煌夫婦)に分けて考察している。陳琪文「鄭清文童話的特質與教育意義」中山大学修士論文、二〇〇六年

(16) 前掲『鬼趣談義』によると、幽霊の身代わりになる者の死因は、圧倒的に縊死と溺死が多いという。

(17) この妖怪については、片岡巌『台湾風俗誌』(台湾総督府、一九一五年)に「竹篙鬼」として所収されているのが古い例である。「竹篙鬼」の読みがな(台湾語)は同書によった。なお、台湾・南台科技大学卒業生の方文左さん(一九九七年、台南生)は、祖母から「竹篙鬼」の話を聞いたそうだ。山道を歩いていて、転がっている竹を跨ぐと、ぴょんとその竹が跳ね上がって、連れていかれてしまうのだとか。かつてはポピュラーな妖怪だったらしい。

(18) 陳卉如の以下の論文から。のち、私と共著というかたちで一書にまとめた。陳卉如「赤い糸の俗信——台湾と日本の事例を中心に」台湾・南台科技大学修士論文、二〇一四年、伊藤龍平／陳卉如『恋する赤い糸——日本と台湾の縁結び信仰』三弥井書店、二〇一九年

(19) 童養媳については、曾秋美『台湾新婦仔的生活世界』(玉山社、一九九八年)で体系的に論じられているが、インビジブルな問題であるため、研究は少ない。管見に入ったものに、次の三点がある。劉論文は、曾の著作より古いが、東港地区の開拓期の事例が過半を占める。李論文は、文献資料を駆使し、中国史上の童養媳の消息をまとめていて、口承文芸についての言及もある(主に歌謡)。許論文は、童養媳だったという著者の祖母の挿話から論を始め、その歴史を追っている。鄭清文の作品でも、童養媳のことはしばしば描かれていて、徐秀琴による研究もある。なお、許の祖母は、NHKドラマ『おしん』(一九八三—八四年。台湾でも人気を博した)を見て、童養媳だった自分の人生を書

き残すように著者に言ったという。童養媳の社会的位置がわかるエピソードである。劉秀櫻「東港的開拓与童養媳婚之研究」国立中正大学修士論文、一九九四年、李宜芳「清代民間文学与社会慣俗之研究――以童養媳故事為中心」国立花蓮師範学院修士論文、二〇〇二年、徐秀琴「鄭清文短篇小説研究」国立彰化師範大学修士論文、二〇〇八年、許佩瑜「一位童養媳阿嬷的生命故事――従自卑中淬煉堅殻」国立台湾師範大学修士論文、二〇一三年

(20) 松崎寛子によれば、鄭の初期の作品「わが傑作」(一九六二年、原題「我的傑作」)にも、童養媳(作中の表記は「新婦仔」)が登場するという。同作品も、農村の生活を扱ったものだった。松崎寛子『鄭清文とその時代――郷土を愛したある台湾作家の生涯と台湾アイデンティティの変容』東方書店、二〇二〇年

(21) 近年、オーラルヒストリーの手法を用いて、童養媳の調査が進められている。近刊のものに先があり、苦労話が綴られているが、夫との関係に関しては、必ずしも悪くはなかったことがわかる。李素月編『阿媽的故事――阿媽的故事【童養媳・養女篇】』宜蘭県史館、二〇一五年、羅瑞霞/羅文生編『横山心臼仔――新竹県横山郷沙坑村童養媳故事』明基友達文教基金会、二〇一六年

(22) 前掲『台湾新婦仔的生活世界』にも、童養媳の少女が娼婦として売られる例は珍しくなかったことが記されている。

(23) 鄭清文の作品では、社会的に弱い立場にある女性の悲劇と、少年の成長がテーマになっているものが散見される。「紅亀粿」の阿和と阿腰の物語もその一つだ。楊淑晏「鄭清文短篇小説悲劇書写研究」国立台南大学修士論文、二〇一二年、李莉雯「鄭清文小説中青少年的自我覚醒」静宜大学修士論文、二〇一二年

(24) 近年、台湾の水鬼伝承に関する論考が相次いで発表された。雲林、宜蘭、台南、嘉義など、地域ご

との研究が進められている。邱宜蓁氏と呉亭育氏のご教示による。陳世虎「雲林口湖地区牽水車（状）探求」国立台南大学修士論文、二〇一二年、陳育麒「宜蘭水離的環境背景与「拝駁」儀式的形成」国立台湾大学修士論文、二〇一二年、楊家折「台南拝渓墘祭儀与聚落変遷之研究」国立台南大学修士論文、二〇一五年、蔡孟哲「嘉義大林地区水鬼故事研究」国立東華大学修士論文、二〇一七年

（25）最後の肝試しの対象が道士、それも幽霊に殺された道士の墓だったことについては、さまざまな解釈ができる。私は、法術によって幽霊を封じ込める道士と、幽霊の懐に飛び込んでいく阿和とを対置させることによって、小説のラスト（幽霊との和解と救済）をより際立たせる効果があると思うのだが、いかがだろうか。なお、現実の道士の異常死者救済について論じたものに、以下がある。山田明広「台湾道教の異常死者救済儀礼」、東アジア怪異学会編『怪異を媒介するもの』（「アジア遊学」第百八十七巻）所収、勉誠出版、二〇一五年

（26）神話の場合、神の憑依によって口語りというかたちで、一人称叙述が用いられることがある（例えば、アイヌの「ユカラ」など）。

# コラム5　思い付き的「羅生門」論

芥川龍之介の「羅生門」（一九一五年）といえば、かつては高校教科書の常連作品だったが、いまではどうなのだろう。国語教師をしている友人が、冗談交じりに「こんな青少年が非行に走る話を教科書に載せていいのかね？」と話していた。言われてみればそのとおりだが、よくよく考えてみると、この小説のラストは「下人の行方は誰も知らない」とあるだけで、べつに悪の道に堕ちたとまでは書かれていない。ほかの読み方も可能なのではないか。

あらためて読み返すと、「羅生門」は青年の物語なのだな、と思う。主人公の下人が青年であるということと、作者の芥川が青年であるということの両方の意味で（当時、芥川は二十三歳だった）。

ご存じのように、ニキビを気にするこの下人は、主に暇を出されて行くあてもなく、羅生門の下で雨宿りをしながら、盗人になるか飢え死にするかの二者択一を迫られていた。高校時代に読んだときには気にならなかったが、この「白か黒か」という問いは、青年期に特有のものだ。青年は極端から極端に走る。実際に社会に出てみると善と悪の境はあいまいで、白でも黒でもない世界を生きているのを実感させられる。確かグレアム・グリーンの言葉だったと思うが、世の中はグレーの濃淡のあわいにある。

そうした灰色の世界を生きている人物の例が「羅生門」のなかに二つある。一人は下人が会った老婆。彼女は死人の髪を抜いてかつらにして売っている。今日でいえば死体損壊罪だろう。犯罪にはちがいないが、重罪ではない。もう一人は老婆の話のなかに出てくる女で、蛇の切ったのを魚と偽って売りさばいていた。今日でいえば、食品の偽装表示か。

老婆の話を聞いた下人は、「では、己《おれ》が引剝《ひはぎ》をしようと恨むまいな。己もそうしなければ、餓死をする体なのだ」と言い放って彼女の着物をはぎ取り、蹴倒す。同じ悪であっても、下人の強盗行為と老婆の行為を同列にはできまい。下人の論理には明らかに飛躍がある。

この行為にいたる直前、下人は、老婆の所業に憤りを感じて、太刀を突き付けた。原文にある太刀の「白い鋼《はがね》の色」は下人の良心の象徴なのだろう。そのときの下人の正義感もまた、まぎれもなく本心なのだ。最後に、下人は「黒洞々《こくとうとう》たる夜」のなかに姿を消すのだが、青年の心の善と悪は振り子のごとく、行きつ戻りつしながら振り幅を狭め、やがて大人になっていく。夜の闇に消えた下人も、朝焼けとともに良心を取り戻すかもしれないし、そのほうがこの男のキャラクターに合っている。いずれ彼も灰色の世界で生きるおじさんになり、盗人になるか飢え死にするかで悩んでいた若き自分を懐かしむ日がくるのではないだろうか。

……などと、近代文学研究が専門でないのをいいことに妄想してみた。「羅生門」の初稿のラストは、下人が盗人になったことを暗示させる一文で終わっているが、それでは想像をめぐらせる余地がない。それが変更されて現在の形になった。このラストでよかったのだ。

# 第6章　スマホサイズ化される怪談——ネットロア「きさらぎ駅」

## はじめに——ネットロアに向く話

ネットロア研究の前提として重要なのが「時代」の問題である。この場合の「時代」とは、技術の発展によってもたらされるネット文化の様相のことで、数年単位で移り変わる。以前、テレビ番組『探偵ナイトスクープ』（朝日放送テレビ、一九八八年―）から生じたネットロア「謎のビニール紐」を論じた際には、ウェブサイト「プロバイダの履歴書」による時代区分を用いた。すなわち「有史以前（一九五七―九二年）」「ダイヤルアップ時代（一九九三―九五年）」「テレホ時代（一九九六―九八年）」「ADSL時代（一九九九―二〇〇二年）」「光時代（二〇〇三年―〇五年）」「現代（二〇〇六年―）」である。(1) これは二〇一〇年当時の時代区分なので検討する時期によって「現代」の位置づけは異なってくるだろうし、別の区分方法もあるだろう。

　なぜ時代に着目しなければいけないのかというと、ネットロアのありようと関わるからである。同じネットロアであっても、時代が異なれば別の相貌を見せることがある。例えば「謎のビニール紐」は時代とともに隆盛し、時代が変わるのと同時に廃れた。(2)

　自身の経験でいうと、『ネットロア』という本をまとめた際、「2ちゃんねる」の説話の多くはすでに過去の時代のものになっていた。(3)だから同書の「あとがき」に、若い世代の研究が待たれると書いたのだが、ネットロア研究が必ずしも現代を対象にする必要はない。(4)実際、過去の時代のネットロア研究もまださほど進んでいるわけではないのだ。現代のネットロア研究と同様に、過去のネットロア研究も重要である。「2ちゃんねる」の話の考察などは、さしずめネットロアの古典研究だ。時代ごとのネットロア研究が盛んになればいい。

　私が定義する「ネットロア」とは、インターネットを介して伝承される話全般を指す。ある話が口頭で伝承されれば口承説話になるし、文字で伝承されれば書承説話になるし、ネットで伝承されれば電承説話になる。「桃太郎」もネットで伝承されればネットロアだし、「くねくね」も口頭で伝承されれば口承説話だ。(5)話の出自は問題にならない。したがって、ネットロアに向く話はあってもネットロアに特有の話はないというのが、私の立場である。では、ネットロアに向く話とは何だろうか。また、向かない話とは何だろうか。

　ネットロア「きさらぎ駅」は「2ちゃんねる」で生成したのち、いったんは廃れたものの、その後、まとめサイトで人気になり、「Twitter」で話題になるなど、幾時代にもわたって電承されてきている。ネットと親和性が高い話といえるだろう。「きさらぎ駅」については、物語論《ナラトロジー》の観点から考察すると面白いだろうと思っていた。とくに、語り手（物語論でいうところの「語り手《ナレーター》」）の立ち位置に注目すると、SNS時代の怪談の姿がみえてくる。

## 1　十年目の「きさらぎ駅」

二〇一八年一月九日付「静岡新聞」に、「遠鉄「きさらぎ駅」？　消えた「はすみ」さん、都市伝説10年超」という記事が載った。以下、引用。

インターネット上で十年以上にわたり話題になっている「きさらぎ駅」と呼ばれる都市伝説がある。大型掲示板「2ちゃんねる」でハンドルネーム「はすみ」さんが「新浜松駅を出発してから電車の様子がおかしい」「きさらぎ駅に停車し、降りた」などと書き込み、消息を絶ったとされる内容。二〇〇四年一月に書き込まれて以来、ネット上では「きさらぎ駅」を話題にする投稿や考察するまとめサイト開設が絶えない。

「きさらぎ駅」は、〇四年一月八日から九日にかけて、普段使っている遠州鉄道の電車に乗っていると、五～八分間隔で停車するはずの電車が二十分以上も走り続けた後、実在しない駅「きさらぎ駅」に停車したなどとする「はすみ」さんの書き込みから始まった都市伝説。九日午前三時四十五分ごろ、「（携帯電話の）バッテリーがピンチです。これで最後にします」という最後の書き込みがあり、以後は掲示板には現れることはなかった。

現在もツイッターやユーチューブなどネット上で「（はすみさんの書き込みは）何回読んでも怖いけど、行ってみたい」「きさらぎ駅がグーグルマップに表示された」などの新たな投稿が日々、数十件以上のペースであるほか、「はすみは無事か？真相は」などと題した真相を考察するサイトの開設も相次いでいる。(6)

**遠鉄「きさらぎ駅」？　消えた「はすみ」さん、都市伝説１０年超**

2018.1.9

インターネット上で１０年以上にわたり話題になっている「きさらぎ駅」と呼ばれる都市伝説がある。大型掲示板「２ちゃんねる」でハンドルネーム「はすみ」さんが「新浜松駅を出発してから電車の様子がおかしい」「きさらぎ駅に停車し、降りた」などと書き込み、消息を絶ったとされる内容。２００４年１月に書き込まれて以来、ネット上では「きさらぎ駅」を話題にする投稿や考察するまとめサイト開設が絶えない。

インターネット上で「はすみ」さんが消息を絶ったとされる電車＝浜松市中区の新浜松駅構内

「きさらぎ駅」は、０４年１月８日から９日にかけて、普段使っている遠州鉄道の電車に乗っていると、５～８分間隔で停車するはずの電車が２０分以上も走り続けた後、実在しない駅「きさらぎ駅」に停車したなどとする「はすみ」さんの書き込みから始まった都市伝説。９日午前３時４５分ごろ、「（携帯の）バッテリーが

図6-1 「静岡新聞」2018年1月9日付（https://www.at-s.com/news/article/others/617676.html）

簡にして要を得た解説である。このあと、取材に答えた「遠州鉄道の担当者」氏の談話が載っていて、それによると、「社内でも「きさらぎ駅」を知る人は多く、これまでも利用客などから問い合わせがあった(7)」という。「2ちゃんねる」オカルト板の「身のまわりで変なことが起こったら実況するスレ26」に、「きさらぎ駅」に関する最初の書き込みがあったのは二〇〇四年一月八日の二十三時十八分、最後の書き込みがあったのが同一月九日三時四十四分である。深夜の四時間半ほどが

「きさらぎ駅」がリアルタイムで話題になっていた時期になる。この時点では「きさらぎ駅」は話名ではなく、話としても認識されていなかった点に留意しておきたい。「きさらぎ駅」が話として認識されるのは、リアルタイムでの書き込みが終わったあと、しばらくしてからである。

現在、「きさらぎ駅」は過去ログの参照というかたちで電承されているが、一方で、リアルタイムで「きさらぎ駅」を体験しているとする人も新たに登場している。「きさらぎ駅」の場合、現在進行形の伝承と、過去ログを参照しての伝承の相違に注意しなければならない。ただし、一次体験者の書き込みを「伝承」と呼ぶのが適当かという問題はある。

古山美佳は「実況系」という語を用いて「きさらぎ駅」を論じている。古山は、現在進行形の「実況系怪異」である「きさらぎ駅」では、過去の体験談の形式を取る「従来の怪談話」(「八尺様」「コトリバコ」「裏S区」が例に挙げられている)の「話し手/聞き手の関係とは異なる表象・知識の提示が見られるのではないか(8)」と述べている。

この問題についてはあとでふれるが、その前に、リアルタイムで伝承されていた「きさらぎ駅」とはどのようなものだったのかを確認しておこう(9)。発端はレス98で、「気のせいかも知れませんがよろしいですか?」と、控えめな書き込みがなされる。それに反応したのが二人。レス99が「取りあえずどうぞ」、レス100が「何がおきてるの?」と返している。以下、やりとりを引用する。レス101、107、114が「きさらぎ駅」の話者=主人公で、「はすみ」という固定ハンドルネームを名乗るようになる。

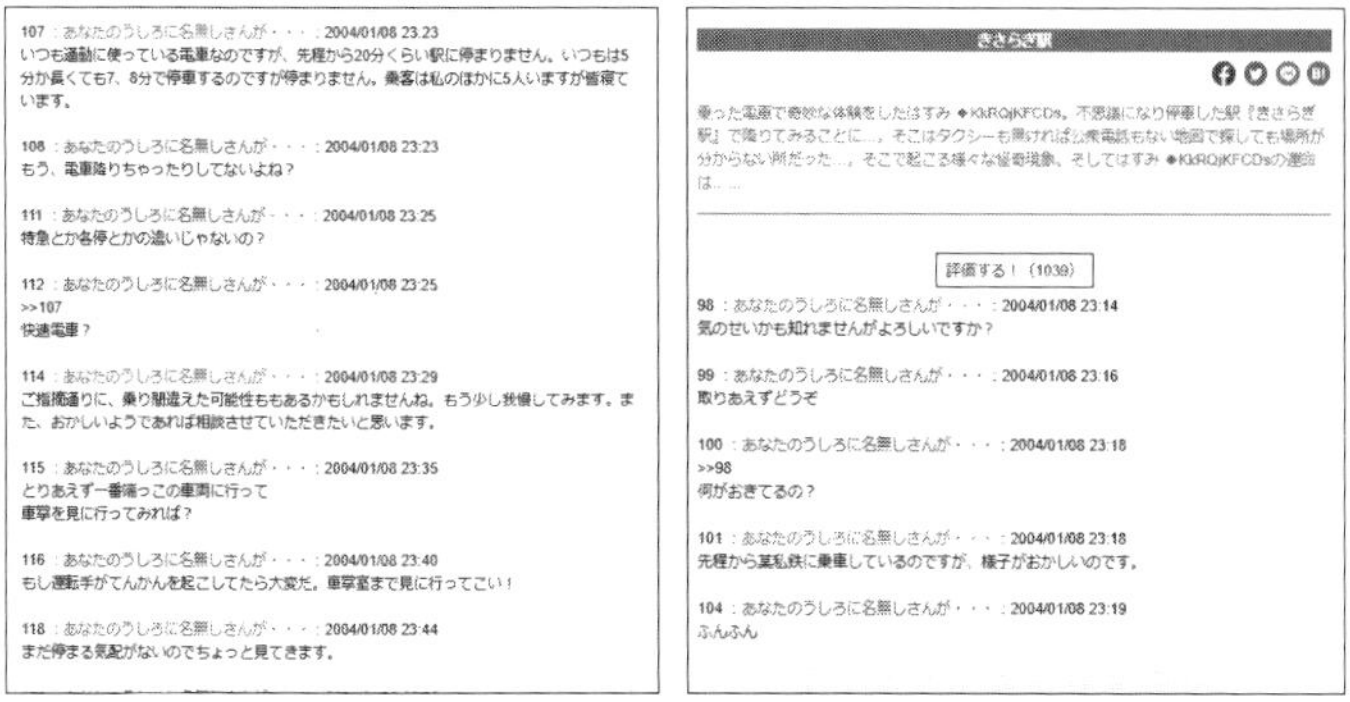

107：あなたのうしろに名無しさんが・・・：2004/01/08 23:23
いつも通勤に使っている電車なのですが、先程から20分くらい駅に停まりません。いつもは5分か長くても7、8分で停車するのですが停まりません。乗客は私のほかに5人いますが皆寝ています。

108：あなたのうしろに名無しさんが・・・：2004/01/08 23:23
もう、電車降りちゃったりしてないよね？

111：あなたのうしろに名無しさんが・・・：2004/01/08 23:25
特急とか各停とかの違いじゃないの？

112：あなたのうしろに名無しさんが・・・：2004/01/08 23:25
>>107
快速電車？

114：あなたのうしろに名無しさんが・・・：2004/01/08 23:29
ご指摘通りに、乗り間違えた可能性ももあるかもしれませんね。もう少し我慢してみます。また、おかしいようであれば相談させていただきたいと思います。

115：あなたのうしろに名無しさんが・・・：2004/01/08 23:35
とりあえず一番端っこの車両に行って
車掌を見に行ってみれば？

116：あなたのうしろに名無しさんが・・・：2004/01/08 23:40
もし運転手がてんかんを起こしてたら大変だ。車掌室まで見に行ってこい！

118：あなたのうしろに名無しさんが・・・：2004/01/08 23:44
まだ停まる気配がないのでちょっと見てきます。

きさらぎ駅

乗った電車で奇妙な体験をしたはすみ ◆KkRQjKFCDs。不思議になり停車した駅『きさらぎ駅』で降りてみることに…。そこはタクシーも無ければ公衆電話もない地図で探しても場所が分からない所だった…。そこで起こる様々な怪奇現象、そしてはすみ ◆KkRQjKFCDsの運命は……

評価する！（1039）

98：あなたのうしろに名無しさんが・・・：2004/01/08 23:14
気のせいかも知れませんがよろしいですか？

99：あなたのうしろに名無しさんが・・・：2004/01/08 23:16
取りあえずどうぞ

100：あなたのうしろに名無しさんが・・・：2004/01/08 23:18
>>98
何がおきてるの？

101：あなたのうしろに名無しさんが・・・：2004/01/08 23:18
先程から某私鉄に乗車しているのですが、様子がおかしいのです。

104：あなたのうしろに名無しさんが・・・：2004/01/08 23:19
ふんふん

図6-2　「きさらぎ駅」過去ログのまとめ
（出典：「きさらぎ駅」〔https://llike.net/2ch/fear/kisaragi/〕［2023年3月29日アクセス］）

101　先程から某私鉄に乗車しているのですが、様子がおかしいのです。
104　ふんふん
107　いつも通勤に使っている電車なのですが、先程から二十分くらい駅に停まりません。いつもは五分か長くても七、八分で停車するのですが停まりません。乗客は私のほかに五人いますが皆寝ています。
108　もう、電車降りちゃったりしてないよね？
111　特急とか各停とかの違いじゃないの？
112　>>107　快速電車？
114　ご指摘通りに、乗り間違えた可能性もあるかもしれませんね。もう少し我慢してみます。また、おかしいようであれば相談させていただきたいと思います。
115　とりあえず一番端っこの車両に行って車掌を見に行ってみれば？

「2ちゃんねる」でもSNSでも、「きさらぎ駅」の怪異はダイアローグで記述されていく。読み手は、はすみの言動に合わせてレスを連ねていく。はすみも読み手のレスを参照しながら行動する。リアルタイムの電承では、読み手は単なる享受者ではなく、ネットロアの生成に参与していた。レスは次のように続けられる（レス160がはすみ）。

160　今きさらぎ駅に停車中ですが、降りるべきでしょうか。聞いた事も見たことも無い駅なのですが。
162　ぜひ降りてみて
165　終点まで乗っててくれ
166　つーかもう発車してるっしょ

結局、「はすみ」は電車を降り、謎のきさらぎ駅に降り立つ。画像電承が盛んな現在では、きさらぎ駅の写真も流通している。

## 2　鉄道怪談の系譜

日本に鉄道が開通したのは一八七二年。ちなみに、遠州鉄道の開通は一九〇九年である。野村典彦が指摘しているように、近代になって発達した鉄道は、日本人の心性や身体感覚に大きな変容をもたらした[10]。伝承文学研究の用語を用いるなら、「きさらぎ駅」は異郷訪問譚の一類に入れられるが、鉄道というツールが与えられたとき、異界は日常の生活空間の延長線上に姿を現した。歩いて行くのは困難だが地続きではある場所であり、車両に乗りさえすれば向こうの世界に行けるかもしれないという感覚である。その感覚を文学に昇華して最も効果的に用いたのが、宮沢賢治「銀河鉄道の夜」（一九三四年）だろう[11]。

日常が非日常になる瞬間は、居眠りをしていていつもの駅を乗り過ごし、見慣れない駅名を見たときに、われわれも経験する。「きさらぎ駅」の発端部分にリアリティーを感じるのは、そういう点である。そしてレールの先の未知の場所に負のイメージが与えられると、鉄道怪談が生まれる。終電が出たあと、死者たちを乗せた列車が来るという「幽霊電車」の都市伝説は、こうした認識を背景に生まれた[12]。ネット上で人気を呼んだ「きさらぎ駅」は鉄道怪談の系譜に連なるもので、その意味ではそう新しいものではない。

ネット上には、「きさらぎ駅」のような謎の駅にまつわる話が多い。いずれ調べなければと思っていたところ、最近、朝里樹『日本現代怪異事典』という労作が出た。同事典に載っている「異界駅」は二十七に上り、そのうちの二十六がネットロアである[13]。以下に年代順に列挙する[14]（カッコ内は異界駅があるとされる路線、もしくは地域。日付は初投稿の日時）。

きさらぎ駅（静岡県の私鉄）二〇〇四年一月八日
ごしょう駅（ＪＲ北陸本線）二〇〇九年八月十四日

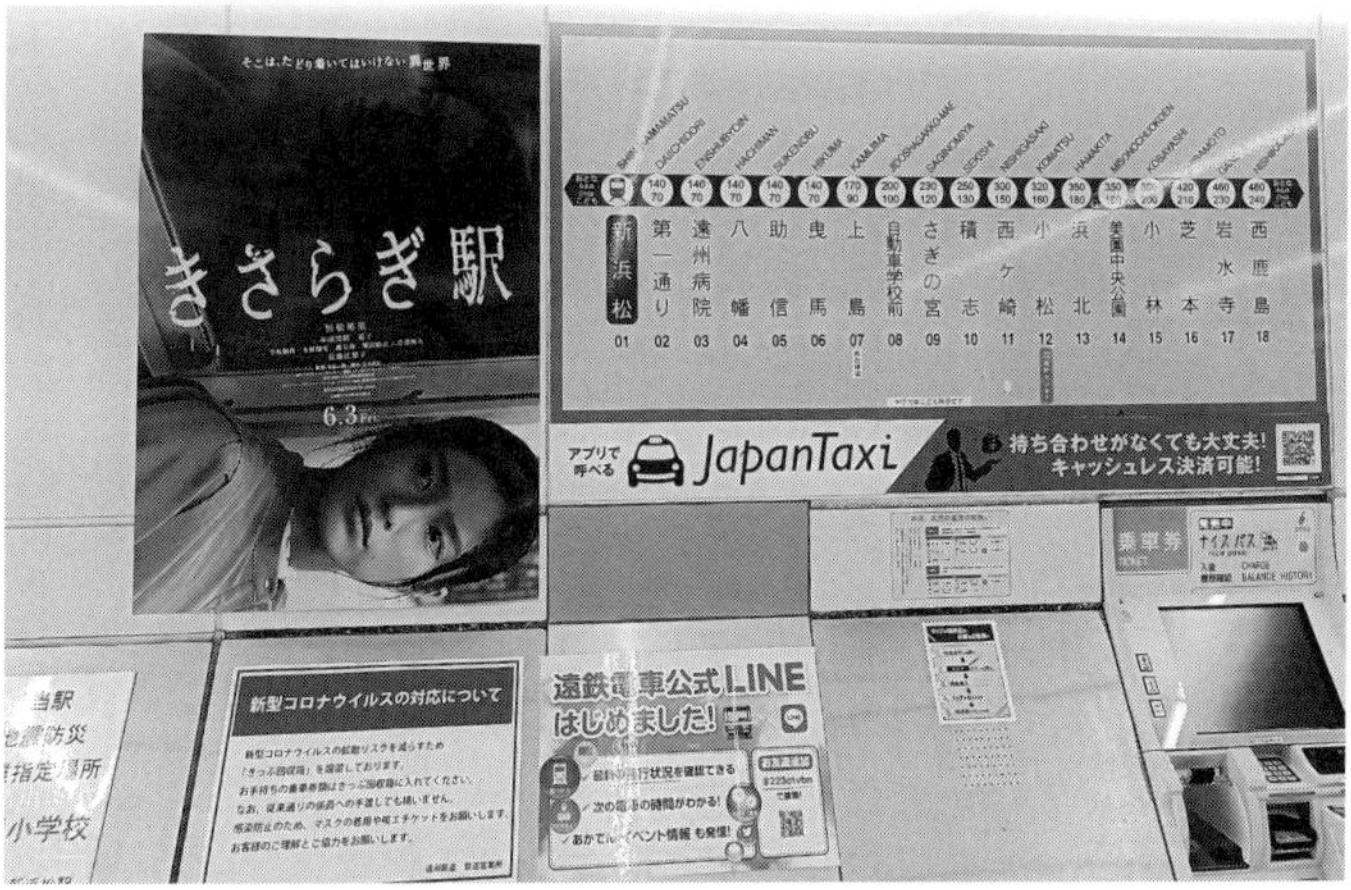


図6-3　新浜松駅構内の遠州鉄道路線図（撮影：筆者、2022年8月）

読めない駅（大阪府・南海本線）二〇一〇年九月十日
やみ駅（JR九州・久大本線）二〇一一年三月二十三日
はいじま駅（鳥取県・因美線）二〇一一年七月五日
高九奈駅・敷草谷駅（甲信越地方）二〇一一年七月ごろ
とこわ駅（静岡県）二〇一一年八月十九日
狗歯馬駅（JR東日本・八高線）二〇一一年八月三十一日
すたか駅（JR京都線）二〇一一年十一月十日
ひつか駅（西武鉄道新宿線）二〇一二年一月九日
かたす駅（JR京都線）二〇一二年八月四日
かむ…駅（名古屋鉄道）二〇一二年八月二十五日
お狐さんの駅（不明）二〇一二年十二月二十五日
ひるが駅（不明）二〇一三年二月二十八日
譬娜譌爬駅（横浜市営地下鉄）二〇一三年三月七日
齋驛來藤駅（不明）二〇一三年三月十四日

新長崎駅（大阪府）二〇一四年三月三十一日
あまがたき駅（阪急電鉄京都線）二〇一四年六月十一日
谷木屋上駅（神奈川県の私鉄）二〇一四年七月二十六日
べっぴ駅（京葉線）二〇一四年七月ごろ
霧島駅（西武鉄道池袋線）二〇一四年九月六日
浅川駅（JR東日本・中央本線）二〇一四年九月二十五日
藤迫駅（東京メトロ東西線）二〇一四年十月十二日
G駅（不明）二〇一四年十一月八日
すざく駅（JR九州）二〇一四年十二月二十七日
新麻布駅（北海道札幌市・地下鉄東西線）二〇一六年五月二十九日

並べてみると、異界駅伝承の発生時期が二〇一一年から一四年に集中していること、「きさらぎ駅」が際立って古いことがわかる。「きさらぎ駅」が生成した〇四年の「2ちゃんねる」とは、どのような状況だったのか。ばるぼらは、〇四年を境に「2ちゃんねる」が大衆化したと述べている。[15]実況系ネットロアの「電車男」が「2ちゃんねる」に書き込まれたのが〇四年であり、同年に書籍化されたことがそれを象徴している。

一方、途絶えていたはすみの書き込みが再開したのが二〇一一年六月三十日で、やはりこの時期がポイントになる。一連の異界駅伝承が同時期に生じた理由については、モバイルメディアの発展史との関係に求められる。「スマートフォンの歴史」というサイトでは、技術的な面と世間への普及度という面から、「潜伏期（二〇〇〇―〇五年）」「開花期（二〇〇六―一〇年）」「爛熟期（二〇一一―一三年）」「二〇一四年以降」の四期に分けている。(16)

この時代区分に従えば、「2ちゃんねる」で「きさらぎ駅」が生成した二〇〇四年はスマホ文化の潜伏期、一連の異界駅伝承がネット上で隆盛した一一年ごろは爛熟期になる。便宜上、前者を第一期「きさらぎ駅」、後者を第二期「きさらぎ駅」と呼ぶことにする。

潜伏期の空気感は、第一期「きさらぎ駅」のレスにもうかがえる。レス195の「近くに電話ﾎﾞｯｸｽがあったら、電話帳でﾀｸｼｰ会社調べて電話だ」という発想は、スマホ検索が当たり前の世代には奇妙に思えるはずだ。はすみのレス259「先程ｱｲﾓｰﾄﾞのﾀｳﾝ情報で調べてみたのですがﾎﾟｲﾝﾄなんとかｴﾗｰってなってしまいました」も時代を感じさせる。iモードのサービス開始が一九九八年、サービス停止が二〇一六年である。レス213には「俺もﾈｯﾄで調べてみたけどきさらぎ駅って言う駅名が出てこないんだ。新浜松周辺にいることは間違いないんですよね?･ﾔﾌｰで調べてみます」ともある。ネットの技術と使われ方に時代性が見て取れる。(17)

それでも第一期「きさらぎ駅」のはすみの言動は、爛熟期（＝第二期「きさらぎ駅」）の世代のそれに通じる部分がある。受け手のレスの付け方もスマホ的だ。つまるところ、「きさらぎ駅」は当初からスマホ時代のネットロアに向いていたのである。

## 3　話者たちのいる場所と人称

インターネットはグローバルを志向するというイメージがあるが、実際にはローカルなものと結び付くことも多い。この点については「ローカルなものは常にローカル外的なものとの関係において、ローカライズされる[18]」という及川祥平の指摘を念頭に置くと理解しやすい。グローカルという新語もあるが、グローバル化は、ときとしてローカルを背負いながら起きる。

はすみのレス126に「路線は静岡県の私鉄です」、同じくレス153に「新浜松からの電車です」とあるように、「きさらぎ駅」でもローカル性が強調される。だから「静岡新聞」が取り上げたのだ。降車後も、はすみはレス516「何とか頑張ってﾄﾝﾈﾙの前まで来ました　名前は伊佐貫となっています」、レス606「場所を聞いたら比奈だと言うのですが、絶対にありえない事だと思うのですが」と、ローカル性の強い地名を書き込んでいる。

なお、静岡県内に伊佐貫という地名はないが、伊佐賀（浜松市）、伊佐地（浜松市）、伊佐見（浜松市）、伊佐布（静岡市）などの地名は、遠州鉄道沿線やその近辺に点在する。[19]このうち字面が似ているのは伊佐賀だが、実際にトンネルがあるのは伊佐布である。一方、比奈は静岡県富士市にあり、比奈駅も実在する。

ローカル性は、異界駅伝承について考えるうえでのキーワードになる。「きさらぎ駅」に限らず、異界駅は実在の路線、それもローカル線に現れることが多い。異界駅そのものは実在しないが、多くのケースではその前後に実在の駅名が挙げられている。異界駅伝承は、日本全国に及んでいて、話者＝主人公は津々浦々から全国に向けて怪異体験を発信している。[20]今日では当たり前の光景だが、これもネット時代以前には考えられなかった、話の送信者と享受者が、遠隔地にいながらリアルタイムに関係を結ぶという状況が現出している。

このネットロアは「きさらぎ駅」という話名で知られるが、実際は、駅の場面は少ない。はすみの書き込みは走行中の電車内から始まる。その後、彼女は、駅に降りて改札を出、闇夜のレールの上を歩き、父親と携帯で電話をし、警察に携帯で助けを求め、奇妙な太鼓と鈴の音を聞き、怪しげな老人に声をかけられ、トンネルをくぐり抜け、見知らぬ男性に会って車に乗せられ……と続く。その間、はすみは移動を続けている。

移動しつづける身体と、それに伴って刻一刻と変化していく心理を実況することは、ネット時代だからこそ可能になった。それはネットの自由さの表れだが、半面、どうしようもなく地域《ローカル》に縛られる身体の不自由さも示している。[21]

話の後半、深夜の線路の上を歩いていたはすみは、レス586で「ご心配かけました。親切な方で近くの駅まで車で送ってくれる事になりました。そこにはビジネスホテルみたいなものがあるらしいです。皆様本当にありがとうございましたです」と書き込む。本人は危機を脱したと思っているが、時間（午前三時二十分）と場所（レールの上）から考えると、到底そうは思えない。それに対して、次のようなレスが連なる――590「本当に親切なのか？例より怖いかもしれないぞ」（「例」は

「霊」の誤記か）、596「ｻﾊﾞいよその人!!　何でこんな時間に線路付近に居るんだ？　きっと死体かなんかを処分してて　はすみんに出会ったんだよ　逃げて！！」、607「はすみん車から降りろ！」、621「不思議な話だ　こんな時間に線路から歩いてきた女の子を乗せる香具師が居たのか…何してたんだその人」。

一連のレスからは、危機的状況に陥っていることに自覚がないはすみへのアドバイスが届かないもどかしさが伝わってくる。それはネット時代ならではの感情だ。簡単に他地域の人と結び付くことが可能だからこそ、現場に行けないローカルな身体の不自由さが際立つ。

さて、先に「主人公」という語を使ったが、便宜上そう呼んだだけである。トピックの発信者ではあるはすみは、まとまった話をしているわけではない。自身が経験している怪異を、逐一、現在進行形で報告しているだけである。話がないところに主人公がいるはずもない。はすみが「きさらぎ駅」の主人公だという認識は、後年、このスレッドでなされた言説が、受け手のレスも含めて物語と認識されたのちに生まれたものだ。

この点については、先ほどふれた「電車男」を例にするとわかりやすい。「2ちゃんねる」の「独身男性板」に投稿されていたリアルタイムの「電車男」は物語ではなかったが、純愛が実って一応の結末がついた時点で、それ以前のレスポンスの点が線になって物語として認識され、そのときはじめて、恋の行方を発信しつづけていた男は主人公になった。書籍化された際の著者名「中野独人」は「（スレッド住人の）中の一人」という意味で、物語の生成という点から考察しても面白い(22)。なお、安藤健二の調査によると、書籍化された際に掲載されたレス数は、スレッド全体のわずか六・四パーセントであるという。[23] ノイズの捨象は、各種まとめサイトでもおこなわれている。

リアルタイム伝承での「きさらぎ駅」の新しさは、送り手であるはすみが、不特定多数の受け手に対して、一人称で現在進行形の体験を発信しつづけているところにあった。

口承・書承の怪談でも一人称の体験談はある。それらは一人称であるために、三人称叙述の怪談より真に迫っていることがあるが、半面、主人公＝話者は怪異をくぐり抜けて無事生還していることにもなる。[24] 一人称で、すでに終わった事柄である以上、話者は主人公が現在進行形で体験している怪異もその死も描けない。聞き手／読み手はそれを暗黙の前提としてことのなりゆきを見守る。つまり、話者は安全圏にいる。

それに対して、「きさらぎ駅」の話者・はすみは安全圏にいない。刻一刻と変化する状況のなかで彼女は不安のただなかにいるし、現在進行形の怪異なので、死ぬ可能性もある。実際、はすみの発信が途絶えたのを、彼女の死と捉えることもできるのだ。現在進行形の怪異を発信できるというのは、技術の進歩がもたらした話者の新しいありようである。

物語は常に過去の出来事として、われわれの前に現れる。「むかしむかし……」と語られ始めたとき、「今ハ昔……」と書き起こされたとき、トピックになる出来事はすでに終わっているのだ。だから、末尾は「……あったとさ」「……トナム語リ伝ヘケリ」と結ばれる。逆にいえば、終わったことでなければ物語ることはできないのである。[25] 繰り返すが、リアルタイムで電承されていたときの「きさらぎ駅」は物語ではなかった。

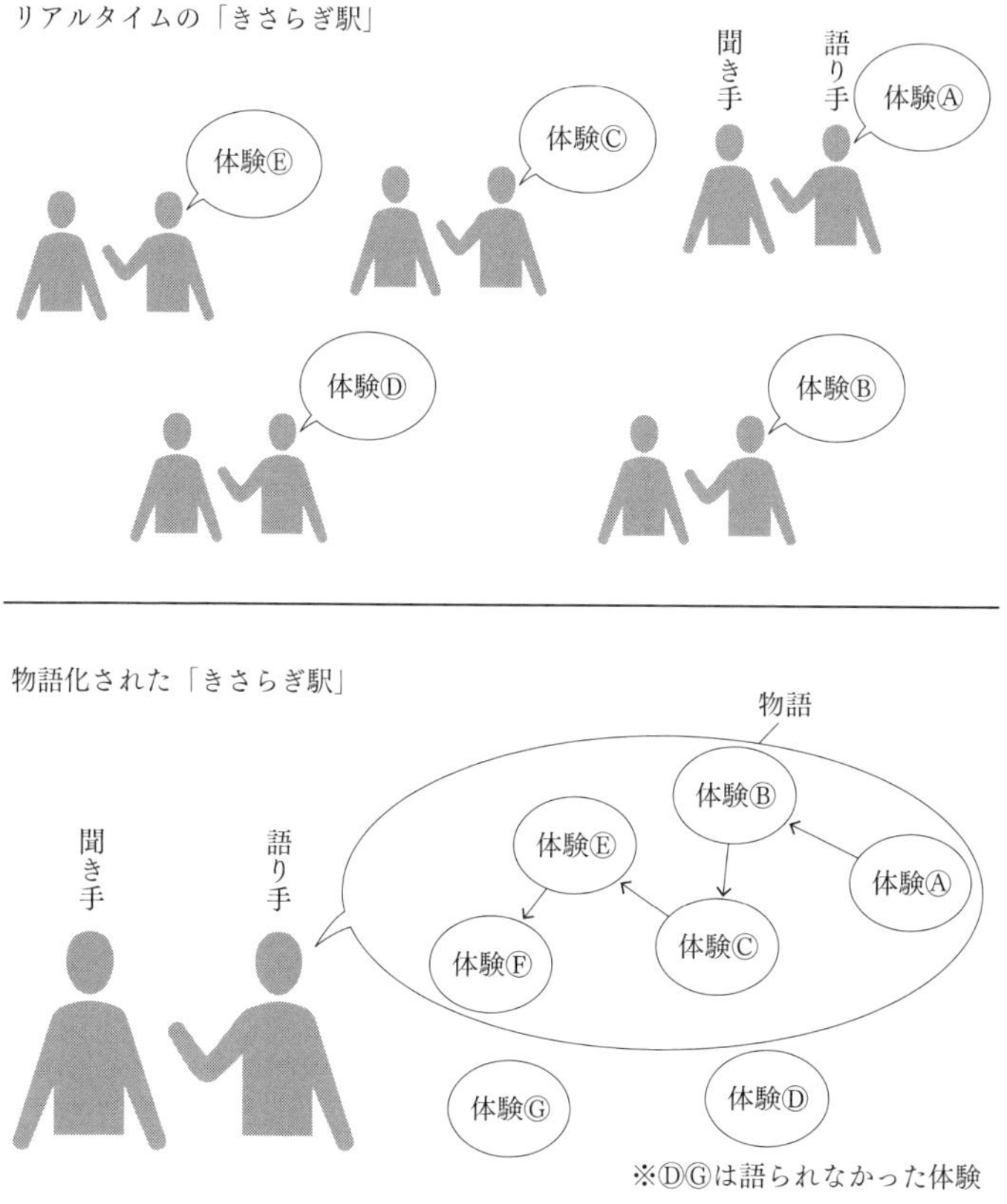


図6-4　「きさらぎ駅」二態（筆者作成）

## 4　物語化への予感に満ちた言葉

「きさらぎ駅」はクトゥルフ神話を素材にした二次創作にもなっている。主人公が異世界に迷い込むという設定もクトゥルフ神話に合っているが、一人称で話が展開される点が、モノローグで叙述されるH・P・ラヴクラフトの小説と相性がいいのだろう。ただ、先に「きさらぎ駅」がダイアローグ形式で記述されていると書いたが、厳密にいって、それは対話というものではない。

大塚英志は、「誰もが物語れるコンピュータ上の支援ソフトは、近代文学を支えてきた「作者」を根源的に無化します。つまり、「作者」とは「Dramatica」の存在によって、アプリケーションに還元しうるものなのだということが、はっきりしてしまったのですから」[26]と述べ（「Dramatica」はソフトの名称）、川田順造が提唱した「シンローグ」「ポリローグ」という語でこれを分析している。川田の論は、無文字社会（アフリカ・ブルキナファソのモシ族）の語りについて考察したものだ[27]が、それがネット文化論に援用できる点が興味深い。

シンローグとは、その場に居合わせた人々が代わる代わる言葉を継いでいって、一つの物語を紡いでいく行為。この場合、語りが現出する以前に、そこにいた人々の頭のなかには共通の「見えないテキスト」が存在していて、それを再現したことになる。[28]現在進行形の怪異である「きさらぎ駅」にこのケースは当てはまらない。

ポリローグとは、同じ場にいる人々がめいめい勝手に話をしている喧噪状態のことで、シンローグのような方向性はないが、そこから物語が生成していく可能性はある。「きさらぎ駅」の場合、方向性は希薄なものの喧噪状態などではなく、トピックは絞られているのでこれも当てはまらない。ダイアローグでも、シンローグでもポリローグでもない。もちろんモノローグでもない。それでは、「きさらぎ駅」の電承体[29]を貫くローグ（言葉、論理）は何だろうか。「きさらぎ駅」の電承体を維持させているのは、はすみのレスを読んだスレ住人たちが漠然と抱いている、好ましからぬ未来（それも数分後、数十分後という近未来）の予感である。

その予感は、「2ちゃんねる」の外で得られた経験によるものだ。深夜に助けを求めてさまよい歩く若い女と、親切めかして近づいてくる男。その後の展開は実際の事件や創作作品から容易に予想できる。われわれはすでにこの物語を知っているのだ。特定のテクストによるものではないが、文学理論でいうところのインターテクスチュアリティーの問題と関わる[30]。リアルタイムではすみが発信しつづけたレスの数々は、物語化される以前の言葉の断片である。それは物語ではないが、物語化への予感に満ちた言葉たちで、ここから物語を紡ぎ出すことも可能だ。実際、「静岡新聞」の記事のように、現在では「深夜に謎の駅に降りた女性が、異世界へ行って姿を消した」という「きさらぎ駅」の物語が成立している。

次に、「きさらぎ駅」の電承体の終わりの部分を引用する。623と635がはすみのレスで、このあと、彼女はネット上から姿を消した。

623　先程よりどんどん山の方に向かってます。とても車を置いて置く場所があるとは思えないのですが。全然話てくれなくなってしまいました。
627　こんな時間に起きてる香具師にろくなのはいない。
628　話してくれなくなったのは、ずっと携帯いじってるからかな?
629　はすみん　やばいやばいよ　親にはﾄﾝﾈﾙ出て保護（?）されたと連絡したのか?
631　はすみさん 110誌《（ママ）》手下さい　あなたの最後の書き込みになるかもしれません
635　もうﾊﾞｯﾃﾘｰがﾋﾟﾝﾁです。様子が変なので隙を見て逃げようと思っています。先程から訳のわからない独り言を呟きはじめました。いざという時の為に、一応これで最後の書き込みにします。

ここでは、はすみのハンドルネームで書き込みをしていた人物の実像については問わない。ただ、この退場の仕方は見事だと思う。惨劇を予感させながらも生死不明ということで話は終わらず、オープン・エンディング（開かれた結末）として読む者の好奇心を刺激する。事実、ネット上では「きさらぎ駅」に関するさまざまな解釈が提示されていて、それ自体がネットロア化している。[31]先に述べたように、二〇一一年には、はすみを名乗る人物が後日譚を書き込み、また「きさらぎ駅」はいまでも「Twitter」に場を変えて生き続けている。

「きさらぎ駅」が「Twitter」に向いているのは、物語化される以前の断片的な情報の連なりによってテクストが紡がれていくからである。「Twitter」上での「きさらぎ駅」もいくつか見てみたが、電車内で違和感を抱いている人物からの発信と、それに対するレスという点は、「2ちゃんねる」上でのそれと大差ない。両者に違いがあるとすれば、「Twitter」上での（第二期の）「きさらぎ駅」の電承者たちの前には、すでに「きさらぎ駅」という物語化されたテクストがある点である。だから、「Twitter」上の「きさらぎ駅」では、「有名なきさらぎ駅ですかw」「とりあえず線路をスタンド・バイ・ミーしましょ」といったちゃかすようなツイートや、「流れが2chの原作に近くていいっちゃいいんだが、画像の流用やら問題点に触れずにささっと解決するやらで面白みがない」といった評論家的なツイートが多い[32]。類話の増加が話のリアリティーを削ぐのは、実話怪談の特徴の一つである[33]。

図6-5　映画『きさらぎ駅』のパンフレットと、「きさらぎ駅」行きの切符のキーホルダー（筆者所有）

もう一点、「Twitter」上の「きさらぎ駅」の特徴を述べると、「2ちゃんねる」のはすみと違って、話し手（発信者）の命の安全が保障されていることが挙げられる。先に紹介したはすみの退場の仕方は、匿名性が強い「2ちゃんねる」のスレッドだから可能だった。しかし、「Twitter」のようなセミクローズドな空間では、死を連想させる退場の仕方は考えにくい。この退場方法を取った場合、その人物は、二度とその名前で「Twitter」上に現れることができなくなる。

ここに、ネットの匿名性が顕著だったころの「2ちゃんねる」の「きさらぎ駅」と、個を主張するようになった現代のネット環境との相違が見て取れる。[34]

## おわりに――ネットロアに向かない話

「2ちゃんねる」で生成した「きさらぎ駅」は、一度は忘れられかけたが、その伝承（電承）形態がSNS文化、とりわけスマホに適していたため復活し、現在にいたっている。「2ちゃんねる」で生成した話のなかには時代の変化とともに消えていったものが多いが、「きさらぎ駅」の場合、むしろ現代のほうが隆盛しているようだ。[35] 本章の執筆中には、映画化の話まで飛び込んできた（監督：永江二郎、二〇二二年六月公開）。

映画化されるということは、ストーリーが線状に展開していくということを意味する。そこでの語り手はエピソードの最中ではなく、すべてのエピソードが終わった時点にいる。それは第一期「きさらぎ駅」の伝承形態（線状のストーリーではなく、点の連なりによってイメージが形作られる）とは著しく異なり、第二期の物語化された「きさらぎ駅」のありように近いといえる。第二期「きさらぎ駅」は、①ネット内の断片的な情報をつなぎ合わせ、②その情報を再構成し、③ネット外とつながることによって完成した。

では、SNSに向かないネットロアは何かというと、端的にいって長文の話である。拙著『ネットロア』で扱った例でいうと、「くねくね」「八尺様」などがそうだ。そうした長い話がSNS上で電承されるときは断片化され、かつテクスト外と連携していかざるをえない。「2ちゃんねる」時代の「きさらぎ駅」がもっていた特性に沿うかたちでの伝承である。

スマホ上のネットロアには、スマホから生まれた新しい話と、スマホ以前に生まれた古い話が混在している。後者については、過去のネットロアを参照し、かつスマホサイズに最適化されながら、電承されていくのではないだろうか。これも新時代の怪談のあり方である。[36]

注

(1)「プロバイダの履歴書」(http://www.hikari-navi.net/)［二〇一〇年七月アクセス］。アクセスは伊藤龍平「『探偵!ナイトスクープ』の「謎のビニール紐」——電脳メディアの技術史とネットロア」(世間話研究会編「世間話研究」第二十号、世間話研究会、二〇一一年）執筆時点。同論文はのちに、拙著『ネットロア——ウェブ時代の「ハナシ」の伝承』（青弓社、二〇一六年）に所収。

(2) 前掲『探偵!ナイトスクープ』の「謎のビニール紐」で詳述したが、ネットロア「謎のビニール紐」は、動画が発達する以前、文字電承の時代に、再視聴が困難なテレビというメディアの特性を生かすかたちで生成した。しかし、ネットの技術が進歩し、動画で過去の番組を見られるようになると、内容の虚構の部分が明らかになり、衰退へと向かうことになった。

(3) ここでは、論点を明瞭にするために、「2ちゃんねる」(現・「5ちゃんねる」) での電承を過去のものとして扱っているが、むろん、それは事実とは異なる。「時代」ごとの特性を反映させながら、「2ちゃんねる」は現在も電承されている。

(4) 世代ごとにネットとの向き合い方が違うと思うし、各世代のネットロア研究も必要だとは思うが、世代間にギャップがあるということをアプリオリに前提としていいものかという問題はある。この点については慎重でありたい。

(5) 「くねくね」が名詞化していく過程については、廣田龍平による指摘がある。廣田は拙論に対する批判として「あるテクスト群に「話型」を読み込むのは口承文芸研究の基礎的な方法論の一つであり、〈口承〉が批判してきたものであった」と指摘している。無意識のうちに口承文芸研究のフレームを準拠枠にしていたことを反省しながらも、あえて既存の方法を用いて分析することによって、学術用語の臨界点を探るという方向性もあるのではないかと思う。廣田龍平「疑似的な声の非人間的転回試論――ある「怖い話」の発生と流行にみる〈電承〉」、日本口承文芸学会編「口承文芸研究」第四十一号、白帝社、二〇一八年

(6) 「遠鉄「きさらぎ駅」? 消えた「はすみ」さん、都市伝説10年超」「あなたの静岡新聞」(http://www.at-s.com/news/article/topics/shizuoka/444388.html) [二〇一八年七月アクセス]

(7) 同ウェブサイト

(8) 古山美佳「ネット社会における実況系ネットロアの伝播と活用――「口裂け女」と「きさらぎ駅」の比較から」「國學院大學大学院紀要 文学研究科」第四十九輯、國學院大學大学院、二〇一七年

(9) 以下、「きさらぎ駅」スレッドの引用は以下のサイトによった。「きさらぎ駅」「2ちゃんまとめサイトモバイル」(http://llike.net/2ch/fear/kisaragi.htm) [二〇一八年七月アクセス]

（10）野村典彦『鉄道と旅する身体の近代——民謡・伝説からディスカバー・ジャパンへ』（越境する近代）、青弓社、二〇一一年

（11）「銀河鉄道の夜」のモデルについては諸説あるが、賢治の故郷にあった岩手軽便鉄道（一九一三年運行開始）だとする説が有力である。また、あまり指摘されていないようだが、「銀河鉄道の夜」に「幽霊列車」のモチーフがみられることも言及しておく。

（12）今野円輔編著『日本怪談集——幽霊篇』（〔現代教養文庫〕、社会思想社、一九六九年）に載っている例では、玉川電車（現・東急田園都市線）の話としている。「幽霊電車」は「タクシー幽霊」などとともに、近代文明が生んだ怪談だった。

（13）朝里樹『日本現代怪異事典』笠間書院、二〇一八年（二〇一七年に私家版として刊行されたものを増補改訂したもの）。『日本現代怪異事典』に立項された異界駅の話のうち、「白い駅」だけはネットロアではなく、口承説話である。また、同事典に載っていない異界駅で有名なものに、ネットロア「月の宮駅」がある。

（14）異界駅の名称は『日本現代怪異事典』によった。「読めない駅」は、文字どおり駅名が読めない駅。「狗歯馬駅」の項には、ほかに多数の名称が載っている。「かむ…駅」は、アナウンスの後半が聞き取れないということで「かむなんちゃら駅」と記されている。「G駅」はイニシャルによる伏せ字。

（15）ばるぼら「日本のネットカルチャー史」、川上量生監修『ネットが生んだ文化《カルチャー》——誰もが表現者の時代』（〔角川インターネット講座〕第四巻）所収、角川学芸出版、二〇一四年

（16）「特集　スマートフォン市場の変化と現在——数字から探る移り変わり」「HH News & Reports」（https://www.hummingheads.co.jp/reports/feature/1311/131105_01.html）［二〇一八年七月アクセス］

（17）古山も前掲「ネット社会における実況系ネットロアの伝播と活用」で指摘しているが、最近の「き

さらぎ駅」では、主人公のスマホのGPS機能がエラーになるというかたちで主人公の危機が語られる。技術の進歩に合わせて、怪異も進歩してきている。

(18) 及川祥平『偉人崇拝の民俗学』勉誠出版、二〇一七年

(19)「角川日本地名大辞典」編纂委員会編『静岡県』(「角川日本地名大辞典」第二十二巻)、角川書店、一九八二年

(20) 鉄道網が国の隅々まで行き届いているというのは、決して普遍的な状況ではない。例えば、アメリカでは鉄道は主要な移動手段ではない。日本特有とはいえないにせよ、異界駅伝承はその国や地域の鉄道事情にも関連している。

(21) この点については、以下の拙稿で論じている。伊藤龍平「『あまちゃん』考――ネット時代の「郷土」と「奇人」」、世間話研究会編「世間話研究」第二十三号、世間話研究会、二〇一五年。のちに、前掲『ネットロア』に所収。

(22) 中野独人『電車男』新潮社、二〇〇四年

(23) 安藤健二『封印された『電車男』』(「Love & peace」第十三巻)、太田出版、二〇〇五年

(24) 本文で挙げている口承・書承のケースでは、過去の物語として一人称の体験を述べているので、「話」「主人公」という語を用いて問題はないと判断する。

(25) より厳密にいえば、書き込まれる事柄はすべて過去に起きたものだが、それだけでは物語化の要件を満たしていない。過去は、再構成されることによって物語へと変貌する。なお、ジェラール・ジュネットの物語論では、語りの時間の分類の一つに「同時的」、すなわち物語内容が生起するのと同時に、現在時制を用いて叙述することを挙げている。「きさらぎ駅」の語りはまさに同時的だが、はすみが発する断片的なレスを物語内容とは捉えかねるので、これにはあたらないと判断した。ジェラー

ル・ジュネット『物語のディスクール――方法論の試み』花輪光／和泉涼一訳（叢書記号学的実践）、書肆風の薔薇、一九八五年

（26）大塚英志『物語消滅論――キャラクター化する「私」、イデオロギー化する「物語」』（角川 one テーマ21）、角川書店、二〇〇四年

（27）川田順造『口頭伝承論』河出書房新社、一九九二年

（28）「見えないテキスト」は野村純一が提唱した概念。野村は、昔話が語られる際、語り手と聞き手がそれぞれの頭のなかで「見えないテキスト」を確認しあっていると述べている。前掲『昔話の森』

（29）「電承体」は、倉石忠彦の「伝承体」の概念をもとにした私の造語である。詳しくは、以下を参照。前掲『民俗都市の人びと』、前掲『ネットロア』

（30）言うまでもないことだが、インターテクスチュアリティーの視点が有効なのはネットロアだけに限らない。口承であっても書承であっても、話に生命を吹き込むのはテクスト外の文化事象である。また、研究者による注釈作業も、テクスト外との連携を目指すものとみなせる。

（31）オカルト関連のサイトでは「きさらぎ駅」の真相を探ろうという欲求が強く、新たに異界駅の情報が書き込まれた場合は、釣りか否かが検証されることが多い。この点については、前掲「ネット社会における実況系ネットロアの伝播と活用」に指摘がある。

（32）ツイートは二〇一六年二月五日から八日にされた。引用は以下のまとめサイトから。「NAVERまとめ」（https://matome.naver.jp/odai/2145487696960968901）［二〇一九年二月十四日アクセス］（現在はリンク切れ）

（33）この点について、実話怪談家の黒木あるじは「「これは本当にあったことですよ」という前提にもかかわらず、読者は過去の作品と類似する体験談は「前に読んだ」と、はねのけて評価しない」と述

べている。茂木謙之介／一柳廣孝聞き手「実話怪談にとって「怪異」とは誰か――黒木あるじインタビュー」、一柳廣孝監修、茂木謙之介編著『怪異とは誰か』（「怪異の時空」第三巻）所収、青弓社、二〇一六年

（34）物語で一人称＝話者が安全圏にいることが保証されているのは体験談の場合であり、創作作品ではその限りではない。ラヴクラフトの小説でもそうだが、映像作品でも、『チャップリンの殺人狂時代』（監督：チャールズ・チャップリン、一九四七年）、『サンセット大通り』（監督：ビリー・ワイルダー、一九五〇年）のように、死者＝主人公のモノローグから始まる例は古くからある。

（35）「2ちゃんねる」時代の「きさらぎ駅」はスレッド内の、いわばタコ壺のなかでの伝承だった。リアルタイムでの経験者はごく限られていて、また、過去ログを参照してこれを読む者も多くはなかった。この点は忘れないようにしておきたい。

（36）ここで言及できなかった海外の例については、廣田龍平による報告がある。重要な視点であり、今後の実況系ネットロア研究の可能性を測る一つの試金石になるだろう。廣田龍平「進化する実況系怪談――口承文芸的アナロジーを拡張する」、現代民俗学会二〇二一年度年次大会・シンポジウム「インターネットと民俗学」二〇二一年五月二十二日発表

## コラム6　「小さいおじさん」考

人の姿の妖怪の場合、なりやすい年齢と性別がある。端的にいえば、女性と老人、子どもが妖怪になりやすい。だから、妖怪の名前には「○○女」「○○婆」「○○爺」「○○小僧」が多い。その理由としては、女性・老人・子どもが社会の周縁にいるから、と説明される。一概にはいえないが、妖怪はしばしばマイノリティーの暗喩から生じる。

逆にいえば、妖怪になりにくいのは、社会の中枢にいる中年男性ということになる。中年男性の姿の妖怪といえば、「○○入道」「○○坊主」「○○座頭」などの例があるが、こうした男性は中年ではあっても、社会の中枢にはいない。「入道」「坊主」は出家者のことであり、「座頭」は目が不自由な人の職階だった。一時期、流行した「人面犬」は中年男性の顔をしていたが、社会からはぐれた、やさぐれた男性の姿に擬せられていた。

妖怪を通して男性中心社会の構図が透けて見えるが、近頃は少し事情が変わってきているようだ。というのは、「小さいおじさん」と呼ばれる小人の話が流行しているからである（流行の最盛期は二〇一〇年ごろ）。「小さいおじさん」は、小さいこと以外は、サラリーマン風の平凡な中年男性の姿をしている。社会の中枢を占める層が妖怪化したのだ。

一応、説明をすると、「小さいおじさん」は、見える人には見える。話によると、身の周りを「小さいおじさん」が歩き回っていたり、くつろいでいたりするのだという。見たからといって、いいことがあるわけでも、悪いことがあるわけでもないようだ。

たわいもない話だが、先に述べた妖怪の年齢と性別という観点から考えると、いろいろ興味深い。女性の社会進出が進み、男性の権威が失墜した時代の象徴。かつては抑圧者だった中年男性が被抑圧者に転じた姿が「小さいおじさん」である。いまや中年男性は社会の周縁に追いやられた……といったところが、妥当な解釈だろうか。しかし、こうした解釈は適切ではないと思う。日本の現状をみるかぎり、女性の社会進出は先進国でも最低レベルで、賃金格差も縮まっていない。中年男性が社会の周縁に追いやられたとは、とても思えないからだ。

ここで、「小さいおじさん」の話し手が誰かという点に注目してみよう。中年男性自身がこの話をしているとは思えない。話し手になっているのは、若い女性だろう。彼女たちにとって、中年男性は、価値観がまるで異なる他者である。他者であるがために、中年男性はときとしてキャラクター化され、マスコット化される。そして通俗的な妖怪もキャラクター化・マスコット化されるので、中年男性の姿の妖怪が出現したと考えられる。

この点は、最近流行の「おじさん」もののドラマや漫画とも通底する。ドラマや漫画のなかの「おじさん」は、かわいらしく描かれる。「かわいい」は「小さい」ことで表現され、「グロテスク」とも通じる。いずれにせよ、中年男性である私にとっては、妙な気分になる話だが。

# 第７章　流行神はコロナのなかに

## ――予言譚「アマビエ」

### はじめに――「予言」という仕掛け

今回のコロナ禍（新型コロナウイルス感染症の感染拡大）では、世界の多くの人が生活の改変を余儀なくされた。気になるのは、これが一時的な日常にとどまるのか、新しい日常として定着するのかという点である。各地で民俗行事の中止や規模縮小が相次いだが、これが一時的な日常ならばコロナ禍の終息後、元のかたちに復元されるだろう。しかし、新しい日常ならば伝承の変容は避けられず、消滅の可能性もある。予断を許さない状況だが、仮に伝承が変容するのであれば、どこがどのように変容し、どこが変容しなかったのか、その理由は何か、といった点が問題になる。

また、新しい日常にも二つのタイプがあることには留意したい。一つはもともと来るはずだった未来の日常が少し早まって到来しただけのもの。テレワークやオンライン授業などは、コロナが流行しなくてもいずれ浸透していただろう。もう一つは本当に新しい日常で、マスクの着用や、欧米圏のハグ・キス・握手などの文化がこれからどうなるかは興味深い。

新しい文化思潮には、古い研究方法で対処して思考実験するのが有効だと、常々思っている。できるだけ従来の方法で対処して、対処しきれなくなった部分が新しい点である。コロナ禍を例にすると、オンラインでの昔話の語りの会などは、一見、新しく見えるが、一対多のコミュニケーションである点、語り手と聞き手に双方向的な交流がない点など、性質的にはテレビに近い。従来の手法で十分に対応できる。新しそうな顔をした古参と、古そうな顔をした新参が混在しているのがコロナ禍の現状である。

それにしても、コロナ禍について語る人は多い。マスメディアで発言する専門家やコメンテーターだけでなく、日常生活でもコロナ語りをする人に会う機会が多い（多くは一方的に自分の意見を述べ立てるので、「話し」より「語り」のほうが適切だろう）。それも白か黒かの極論が多く、排他的かつ他罰的な言説が目立つ。陰謀論も増えた。それだけ行く末に不安を抱く人が多いのだろう。一連のコロナ語りには、未来を予測しようという気持ちが基底にある。

突如として起こったアマビエブームも、コロナ禍が生んだ文化の一つである。(1) この章では、コロナ禍のアマビエ伝承を「予言譚」という観点から考えてみたい。「予言」とは、文字どおり、未来の出来事を先取りして「予《あらかじ》め言う」こと。ならば、明るい未来の予言もあってしかるべきだが、ノストラダムスやホピ族、ネットで話題になったジョン・タイターなど、好ましからぬ未来に関わるものが多い。怪談と予言譚が接点をもつのも、そうした理由による。そして、好ましからぬ未来への不安感が、予言譚の仕掛けとして作用するのである。

なお、本章のもとになった文章を執筆したのは二〇二〇年四月だが、コロナ禍初期の空気感を残すため、論旨の訂正はしなかった。

## 1　瓦版からSNSへ

図7-1『肥後国海中の怪（アマビエの図）』（京都大学附属図書館蔵）

アマビエとは、長い髪に大きな目とクチバシ、鱗に覆われた肌に、三本足という奇怪な姿をしたモノで、海中から現れて予言をし、疫病除けの方法を教えるという。その疫病除けの方法が「自分（アマビエ）の姿を描き写して人に見せよ」という、現代のインスタ文化に適したものだったため、「アマビエチャレンジ」といわれて、瞬く間に拡散した。

江戸時代の瓦版に描かれたアマビエは、妖怪マニアのあいだではそれなりに知名度はあったが（水木しげるも描いていて、アニメ『ゲゲゲの鬼太郎』第五期〔フジテレビ系、二〇〇七年〕ではレギュラーキャラクターになっている）(2)、世間一般の知名度は低かった。今回のコロナ禍で初めて知ったという人がほとんどだろう。実に百七十余年ぶりの復活だ。

現代のアマビエ伝承のもとになった一八四六年の瓦版の内容は次のとおり。すでに各所で紹介されているので、ご存じの方も多いだろう（句読点とカギカッコは私が補った）。

肥後国海中え、毎夜、光物出る。所の役人、行見るに、づの如之者現す。「私は海中に住アマビヱと申す者也。当年より六ヶ年の間、諸国、豊作也。併、病流行。早々私し写し、人々に見せ候得」と申て、海中へ入けり。右は写し、役人より江戸え申来る写也。

弘化三年四月中旬(3)

引用文中の「病流行。早々私し写し、人々に見せ候得」という箇所が、後年、コロナ禍のさなかで注目されることになる。妖怪事典類の記述を除けば、今回のブーム以前にアマビエが世に現れたのはこの一回だけなのだが、類似伝承のアマビコ（「天彦」「海彦」「尼彦」「天日子」などと表記される）はそれなりに事例が多い。

管見に入った限りでは、アマビエを最初に論じたのは湯本豪一で、次に長野栄俊が続く。まずはブーム以前に書かれた両者の論考にふれよう。

一九九九年、湯本は自著のコラムで例の瓦版を紹介した。湯本は、アマビエがアマビコの誤読である可能性が高いことを指摘したうえで、「言ってみれば、「アマビエ」などという怪獣は初めから存在しなかったのだ。誤解を生まないためにも、今後「アマビエ」という名称は避けるべきなのではないだろうか(4)」と提言している。

アマビエがアマビコの誤読だとする説は説得力がある。似た例では、同じくアマビコの誤読から生じたとおぼしいアリエや、クダンの誤読から生まれたとおぼしいクダベがある。また、湯本がコラムを執筆した時点ではアマビエの事例は瓦版と水木の妖怪画ぐらいしかなく、アマビコのほうが数的に優勢だったのでこの提言も納得できる。しかし、今回のブーム以降はアマビエの事例が圧倒的に多くなった。現在のアマビエ伝承者のなかにはアマビコの存在を知らない人のほうが多いはずだ。もとが同じだったとしても、名称が分岐して形態に独自性が生じた時点で、アマビエはアマビコとは別の伝承になったと捉えるべきだろう。アマビエは海外にも伝播したが、何百年かたって、日本産であることが忘れられたのち、欧米でアメイビー（Amabie）という正体不明のクリーチャーの噂が話されているかもしれない。そのとき、それはすでにアマビエとは別の何かになっている。

その後、湯本は二〇〇三年に本格的なアマビコ論(5)を書き、さらに資料の充実を図っている。なかでも、説話内容的にも形態的にも類似する神社姫や姫魚（女性の顔に魚の胴体、三又に分かれた尾）に言及したのは大きい。神社姫や姫魚も忘れられかけていた存在だったが、アマビエとの関連でコロナ禍で発掘された（神社姫・姫魚を崩して描けばアマビエになる）。なお、静岡県沼津市には神池姫という神社姫・姫魚の流れをくむモノがいるが、コロナ禍で作られた神池姫グッズでは形態がアマ

図7-2　沼津市明治史料館の受付に置かれていた神池姫のイラスト（撮影：筆者、2022年1月）

ビエに寄せられていて興味深い。

長野栄俊は、湯本のあとを受けるかたちで二〇〇五年(6)と〇九年(7)にアマビコ論を書いている。アマビコの原型を「物言う猿」に求めた長野は、明治期の新聞記事の例を紹介し、背景に十九世紀の「怪異情報の広がり」を指摘する。その一方で、佐藤健二のクダン論(8)にふれて、予言獣伝承の生成を、安易に社会情勢に結び付けることの問題も指摘している。

長野は「アマビコ型の予言獣」の除災方法として、「見る」行為と「写す」行為を挙げている。前者はいわゆる眼福の俗信で、アマビコの絵が壁に貼られていたという記事もある。角大師のお札や疱瘡絵、麻疹絵などに通じる発想だ。後者については、近世の写本文化が生んだ特色だとして、背景に江戸期の庶民のリテラシーの向上を挙げている。

それでは、現代のSNS文化のなかのアマビエはどうだろう。私がみたところ、「見る」だけで厄除けになる眼福の発想は現代のアマビエには希薄で、「写す」行為に重点が置かれているようだ。その「写す」行為についても、原義を考えるなら、もとの瓦版の絵をできるだけ正確に模写したほうがご利益を受けられるはずだが、ネット上にあふれかえっているアマビエたちは、描き手・作り手たちの自由な創意に満ちている。最近の傾向としては、立体物（ぬいぐるみ、焼き物、刺繡、石細工、西陣織、木彫、鯉のぼり……）が多くなってきている。近世と現代のアマビエには、明らかに相違がある。

とはいうものの、昨今流行のアマビエが、瓦版のアマビエが復活したものであるのは間違いない。それも目立った内容の変化はなく、ユーモアはあれどパロディーでもなく、疫病除けという本来の伝承のあり方にのっとった復活である。ここまで純粋な（あえて起源論的に「本来」「純粋」という語を使ってみたが）伝承の復活は珍しいのではないか。

さて、そもそもアマビエとは何なのだろうか。湯本は先のコラムのタイトルではアマビエを「妖怪」と呼んでいるが、本文中では「怪獣」と呼び、論文では「予言する幻獣」(9)と呼んでいる。一方、長野は「予言獣」という呼称を用いていて、のちに湯本もそう呼ぶようになってきている。ともに「妖怪」という語が示す対象とは肌触りが異なる何かを感じたのだろう。常光徹も「予言獣」という語を用いている。(10)

## 2　妖怪、幻獣、予言獣、そして……

アマビエ、アマビコ、神社姫、姫魚、神池姫のほかの予言獣の例を挙げると、件《くだん》、白澤、豊年亀（女性の顔に亀の胴体。神社姫の系譜に位置づけられる）、コロナ禍で話題になった双頭の鳥（「ヨゲンノトリ」と名づけられた）……などがある。いずれも一度見たら忘れられない個性的な姿形をしたキャラクターたちで、予言獣がビジュアルとともにあったのがわかる。これは必ずしもビジュアルを伴わない妖怪と比較すると興味深い点である。

それでは、コロナ禍のアマビエは、世間的にどう位置づけられているのだろうか。アマビエが注目された時期のネット記事の見出しを列挙すると(すべて二〇二〇年四月アクセス、URLは省略)――「妖怪「アマビエ」のイラストがSNSで人気　伝承に脚光「疫病が流行れば私の絵を見せよ」」(「J-CASTニュース」三月八日付)、「新型コロナでツイート激増「アマビエ」って何?　妖怪漫画が話題」(「withnews」三月十日付)、「妖怪「アマビエ」とは?　新型コロナウイルスの沈静化を祈ってイラストを描く人が続出」(「ハフポスト日本版」三月十日付)、「疫病の流行防ぐ?　妖怪「アマビエ」「守って」…ツイッターで話題に」(「西日本新聞me」三月十二日付)、「江戸時代に現れた妖怪、「アマビエ」で疫病退散!」(「朝日新聞DIGITAL」三月十九日付)、「SNSで話題の妖怪「アマビエ」疫病退散の御利益願い」(「産経ニュース」三月二十一日付)、「疫病よけの妖怪「アマビエ」　SNSでのイラスト投稿が活況」(「神戸新聞NEXT」三月二十五日付)、「疫病退散!　妖怪アマビエがダンボール立体パズルになって発売」(「アニメージュプラス」三月二十六日付)……。

キリがないのでここらでやめるが、一連の記事に共通するのは、アマビエを「妖怪」と捉えていることだ。コロナ禍のなか、忘れ去られていた江戸時代の妖怪アマビエが、二十一世紀のSNS文化でよみがえった。歳月が流れても人々の心というのは変わらないものだ――それが基本的なマスコミの取り上げ方であり、人々の受け止め方のようだ。ちなみに、台湾人も「人魚妖怪」という語でアマビエを捉えているし、欧米系の人の書き込みでも「youkai」という語が用いられた例がある。

世間一般の受け止め方は別として、研究の場面で、はたしてアマビエを妖怪と呼ぶのが適切だろ

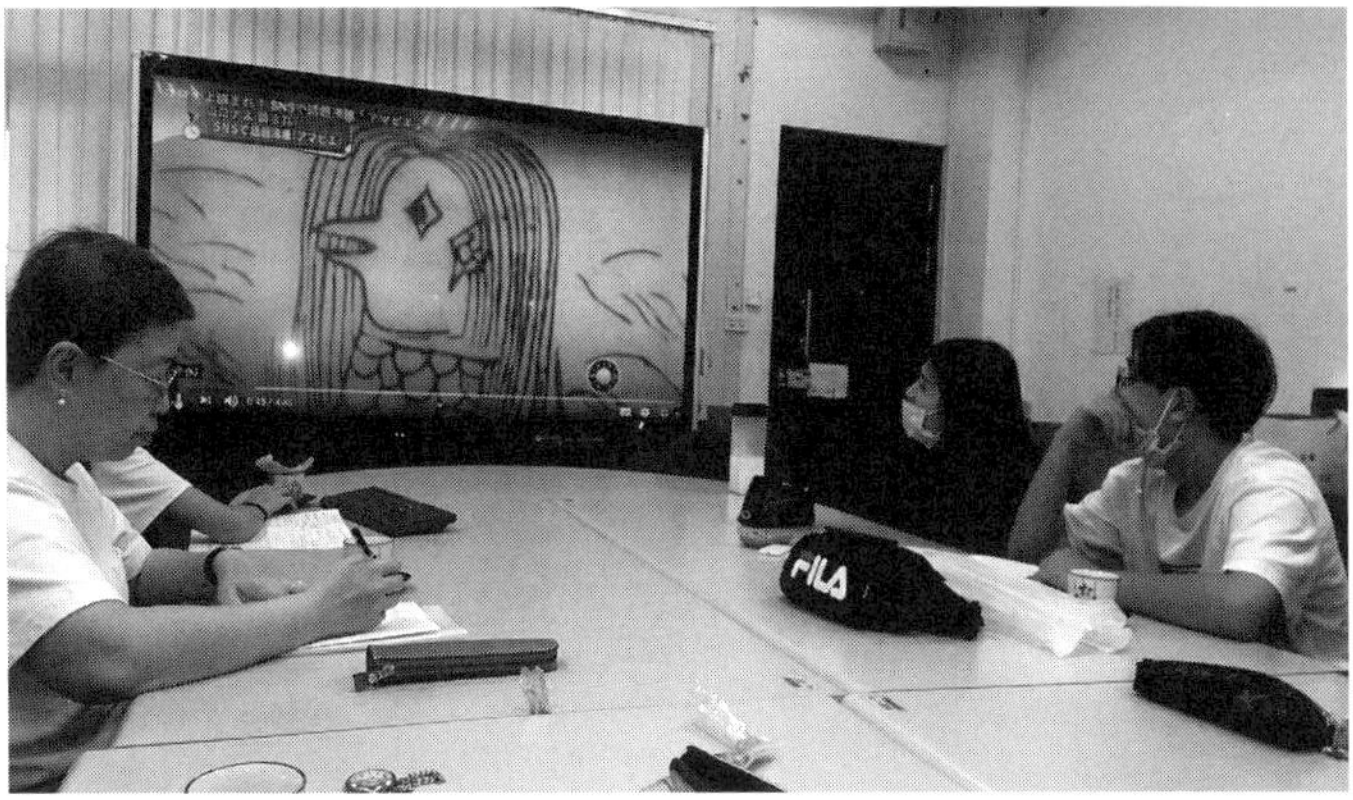

図7-3　台湾・南台科技大学での「アマビエ」を使った授業風景。左端が授業を立案した黄幼欣氏（撮影：筆者、2020年12月）

うか、という疑問が生じる。結論を先に書くと、私は、アマビエは妖怪ではないと思っている。

妖怪とは何か。学史をたどると、柳田國男は、信仰を失って零落した神を妖怪と定義した。[11] それに対して、小松和彦は、祀られていない超越的存在を妖怪と定義した。[12] 小松説については廣田龍平による批判[13]もあるが、いずれにせよ、信仰されていないという点が妖怪の条件になる。天狗や鬼や河童など世上で妖怪と認識されているモノを祀った神社もあるが、信仰の対象になった時点で（コロナ禍関連の報道で頻用される語を使うならば）フェーズが変わっている。祀られたモノは妖怪ではなく神だ。この点については、宮田登と小松の鬼をめぐる論争が参考になる。[14]

アマビエは、今回のコロナ禍でも江戸時代の瓦版でも、人々の信仰の対象だった。神のなかには、人に災いをもたらす悪神もあるが（厄病神、貧乏神、死神など）、アマビエはそういう存在でもない。未来を予言し、疫病除けのご利益があるアマビエは、やはり神と捉えるほうが理にかなっている。

アマビエが妖怪と認識されたのは、要素（長い髪、大きな目、クチバシ、鱗に覆われた肌、三本足……）の組み合わせによって成る特徴的な容姿がキャラクター化しやすく、通俗的「妖怪」イメージと合っていたからだろう。アマビエを形作るこれらの要素は、描くときに、かわいらしくアレンジすることも、醜悪にアレンジすることも可能だった。[15] それは例えば、（通俗的「妖怪」としての）河童を形作る要素（頭の皿、緑色の肌、水かき、甲羅……）が、描きようによってかわいらしくも醜悪にもなるのと同じである。

通俗的「妖怪」（カッコ付きの「妖怪」）が信仰の対象になるのは水木ロード（鳥取県境港市）の妖怪神社を見れば明らかである。知り合いのある研究者は「妖怪を祀った神社など論理矛盾で、ありえない」と話していたが、あれはカッコ付きの「妖怪」を祀っているのだ。

一方、幻獣、予言獣と信仰の関係については、少なくともその定義に関わるところでは、話題にされたことがない。[16] 妖怪と幻獣、予言獣の関係についても諸説あり、当然といえば当然のことだ。物質感のある幻獣が、河童や人魚の骨や爪、ミイラなどのように信仰の対象になることはあり、そうしたケースは神の範疇に入れられる。ただ、それは祀られた時点で妖怪が妖怪でなくなっているのと同じで、やはりフェーズが変わっている。

一過性の流行で終わる可能性があり、消費されていく現代のアマビエを、そのほかの神仏たちと同列に並べることに違和感を覚える人もいるかもしれない。遊び心あふれるアマビエチャレンジを、信仰と捉えていいのかという問題もあるだろう。

こうした爆発的に流行し、消費されていく神を指す言葉を私たちはもっている。宮田登が論じて脚光を浴びた「流行神《はやりがみ》」(17)だ。現今のアマビエ現象を一言で表すなら、コロナ禍のさなかに現れた現代の流行神というのが最も適切である。

宮田が定義する「流行神」とは、文字どおり「流行する神」である。ある日突然、それまでは見向きもされていなかった小さな祠の神仏や、まったく新しい神仏が爆発的に信者を集めだし、一時的に既存の宗教を凌ぐ勢いをみせるが、ある時期が過ぎると急速に信者を失い、忘れ去られる。「流行る」ことと「廃れる」ことはセットになっているのだ。まれに流行神が廃れずに定着することもあるが、それはすでに流行神ではなくなっている。流行神とは、信仰の内容ではなく、状態を指す言葉なのである。現在の主要な宗教のなかにも、当初は流行神だったものがある。

流行神論の過程で、宮田は和歌森太郎の言を引き、「風俗」と「民俗」を対比させている。(18)和歌森の指摘で重要なのは、風俗は「伝播性・流行性」があり、民俗は「伝承性・非流行性」があるという点だ。だから、流行神は民俗学の研究対象になりにくかった。しかし、それは民衆心理の表出のされ方が異なるというだけで、両者は表裏一体の関係にある。流行神に投影された民衆の心理は、民俗学上でも重要なはずだ。(19)

忘れないでおきたいのは、江戸時代のアマビエは流行神ではなかったという点である。瓦版のアマビエは（アマビコも）流行していたとはいいがたい。アマビエが流行神化したのはコロナ禍のいま、まさにこのときなのである。

## 3 現代の流行神

宮田は、個々の流行神の「一見断片的に見える流行現象の背後にあると予測される宗教意識・思想」として、「終末観」「世直し」「メシアニズム」[20]の三点を挙げている。

このうち二点目の「世直し」については、アマビエの場合、あまり当てはまらない。ただ一部のメディアがコロナ禍を自然の逆襲とみなしたり、政治的問題を突いたりしている点に、若干その要素がある。もっとも、病が社会性をまとうのは、何もコロナだけではないが[21]。

三点目の「メシアニズム」についても、アマビエの場合は当てはまらない。宮田が想定しているメシアニズムとは、流行神にカリスマ的な教祖がいる場合だ。アマビエの場合は、そうした教祖的な人物がいないからこそ広まったといえる。これが誰かに仕掛けられたものだったとしたら、とたんにうさんくささを感じ、流行しなかっただろう。

アマビエ伝承について考える際、重要なのは、一点目の「終末観」である。この点について、宮田は仏教の末法思想を例に挙げたうえで、重要な指摘をしている。いわく――「徐々に身辺に迫ってくる社会不安とか社会的危機が終末観を形成させるコースではなく、突如襲いかかる世界の破局という直接的契機が終末観を抱かせるのは自然の理である」[22]。

アマビエの瓦版が出た一八四六年とはどのような時代だったろう。幕藩体制が瓦解する約二十年前であり、直前の天保年間（一八三〇―四四年）には、天変地異（天保の大飢饉）や、社会騒乱（大塩平八郎の乱、生田万の乱）、圧政（蛮社の獄、天保の改革）があった。また、一八八一年十月二十日付「東京曙新聞」に載った「天彦」は三十年後の人類滅亡を予言していて、長野はこの時期に流行した「世界転覆」の噂からこの記事を解説している[23]。一八八二年七月十日付「郵便報知新聞」では、伊沢まさという高齢の女性が所持していた「あま彦」の絵が紹介されているが、これは五八年のコレラ流行の折に売られていたものだという。この「あま彦」は六年間の豊作を予言する一方、疫病の流行によって、六〇パーセントの人間が死ぬとも予言している。しかしながら、幕末期や明治期の人々が抱いていただろう漠然とした将来への不安は、宮田の言葉を借りれば「徐々に身辺に迫ってくる社会不安とか社会的危機」であり、終末観を抱かせるような「突如襲いかかる世界の破局」といった性質のものではない。

今回のコロナ禍を予測できた者はいなかったろう。自身のことを振り返っても、二〇一九年末のニュースで、中国の武漢市で原因不明の肺炎がはやっていることは知ったが、全世界的なウイルス戦争の様相を呈することになるだろうとは想像していなかった。宮田が言うところの「突如襲いかかる世界の破局」というビジョンが、流行神アマビエを生んだのだ。

疫病除けにご利益がある神仏はほかにもある。にもかかわらず、なぜアマビエだけが流行したのか。この手の問いに答えるのは難しいが、新型コロナウイルスという未知の病に対抗するには未知の神仏でなければいけない、という心理がはたらいたのだろう。[24] 瓦版に描かれたのが薬師如来だったなら、これほどの流行は起きなかったはずだ。加えて、「描き写す」行為を伴うのも流行を引き起こした要件だった。描き写すには相応の時間が必要であり、そこに込められた祈りは素朴な信仰心というべきものである。

SNS上のアマビエはユニークな創作物が多く、見ていて楽しいが、添えられた文章はごく短く、画一的なものが多い。しかし、その短い文章の数々には、ちゃかしのなかにも、コロナ禍が収まり、世界に平和が訪れるのを願う真摯な祈りが見て取れる。[25]

アマビエに「様」「さん」がつけられる例が多いことにも留意したい。「アマビエ様」は信仰対象として崇敬されていることの表れ、「アマビエさん」は庶民信仰として親しまれていることの表れである（例：お稲荷さん、恵比寿さん……など）。私の授業を受けていたある女子学生は、コロナ禍で実家に戻っていたが、対面授業の再開に伴って上京する際に、祖母から手製のアマビエ人形を二体（親子アマビエ）持たされたという。孫を思いやる気持ちが伝わってくるエピソードだ。それから帰省するたびに人形が増えていったという。コロナ禍の陰鬱な空気を少しでも和らげようとする気持ちが見て取れる。[26]

さて、ここであらためて、瓦版の本文を読み直してみよう。アマビエの発言は次の四点に整理できる。すなわち、①名乗り（「私は海中に住アマビヱと申す者也」）、②予言一（「当年より六ヶ年の間、諸国、豊作也」）、③予言二（「併病流行」）、④疫病除けの方法（「早々私し写し、人々に見せ候得」）

――の四点である。

問題は、②（予言一）と③（予言二）の関係があいまいな点だ。あいだに挟まれた「併」という語は「しかし」とも「ならびに」とも読めるが、いずれの読みを取るにせよ、「これから六年間にわたって豊作が続くが、そのかわりに、病も六年間流行する」の意味になる。アマビエの予言では「豊作」と「病の流行」はセットで起こるとされている。それは多くの予言獣伝承でも同じである。また、「当年より六ヶ年の間」という言葉がどこに掛かっているのかも問題で、「豊作也」までとするか「人々に見せ候得」までとするかで、微妙に意味が変わってくる。予言は意味が不明瞭なほうが謎めいていて、人々の心を引き付ける。言葉足らずな瓦版というメディアの特徴が、伝承の生成に影響したといえる。

長野は「今回のSNS上でのアマビエ大流行からは〝予言〟の要素が抜け落ちており、護符の面のみで拡散しているようだ(27)」と分析している。言い換えると、コロナ禍で流行したのはアマビエの俗信であり、瓦版から抜け落ちたのは、アマビエの説話だったということになる。アマビエの説話とは――夜ごと、海中に現れる謎の光の調査をするために現場に赴いた役人が、海から現れたアマビエと名乗るモノから予言を聞かされて、呪いの方法を授けられた。やがてアマビエは海に姿を消し、役人はその絵を描いて江戸に報告した――というものだ。一方、アマビエの俗信は――その姿を描き写して人々に見せると疫病除けになる――というご利益である。次に、両者の関係について考えてみたい(28)。

## 4　アマビエの説話と俗信

アマビエ伝承は、アマビエ俗信とアマビエ説話の二つに分けられる。両者の関係が深いのは、本来的に、俗信が未来（それもごく近未来）の予測と関わるからである。アマビエ俗信は疫病の終息という未来に関わるものであり、アマビエ説話は予言譚の一種だった。

予言に関わる話を「予言譚」と呼ぶが、予言者が話し手である場合と、説話のなかの登場人物である場合とは、分けて考える必要がある。この章で扱っているのは後者、説話のなかの登場人物や異類（動物・神仏・妖怪・幽霊）が予言をするケースである。

俗信を私なりに定義するならば、「世界の法則の一端の表れ」になる。(29)それは人々の何代にもわたる経験から導き出されたもので、民俗学の研究対象になってきた。だから「民俗知識」とも呼ばれる（「迷信」という語には否定的なニュアンスが含まれているので民俗学では使われない）。加えていうならば、俗信は広義の信仰に入れられるものの、特定の宗教に属するものではなく、生活に密着していて、なおかつ、体系的ではなく断片的であるのも特徴だ。

俗信の具体例を挙げると、「カラス鳴きが悪いと人が死ぬ」「家のなかで傘をさすと貧乏になる」「夜に口笛を吹くと蛇が出る」「霊柩車を見ると、親の死に目に会えない」……などである。俗信が因果律によって成立している点に留意したい（例：原因＝カラス鳴き、結果＝人が死ぬ）。それらと同

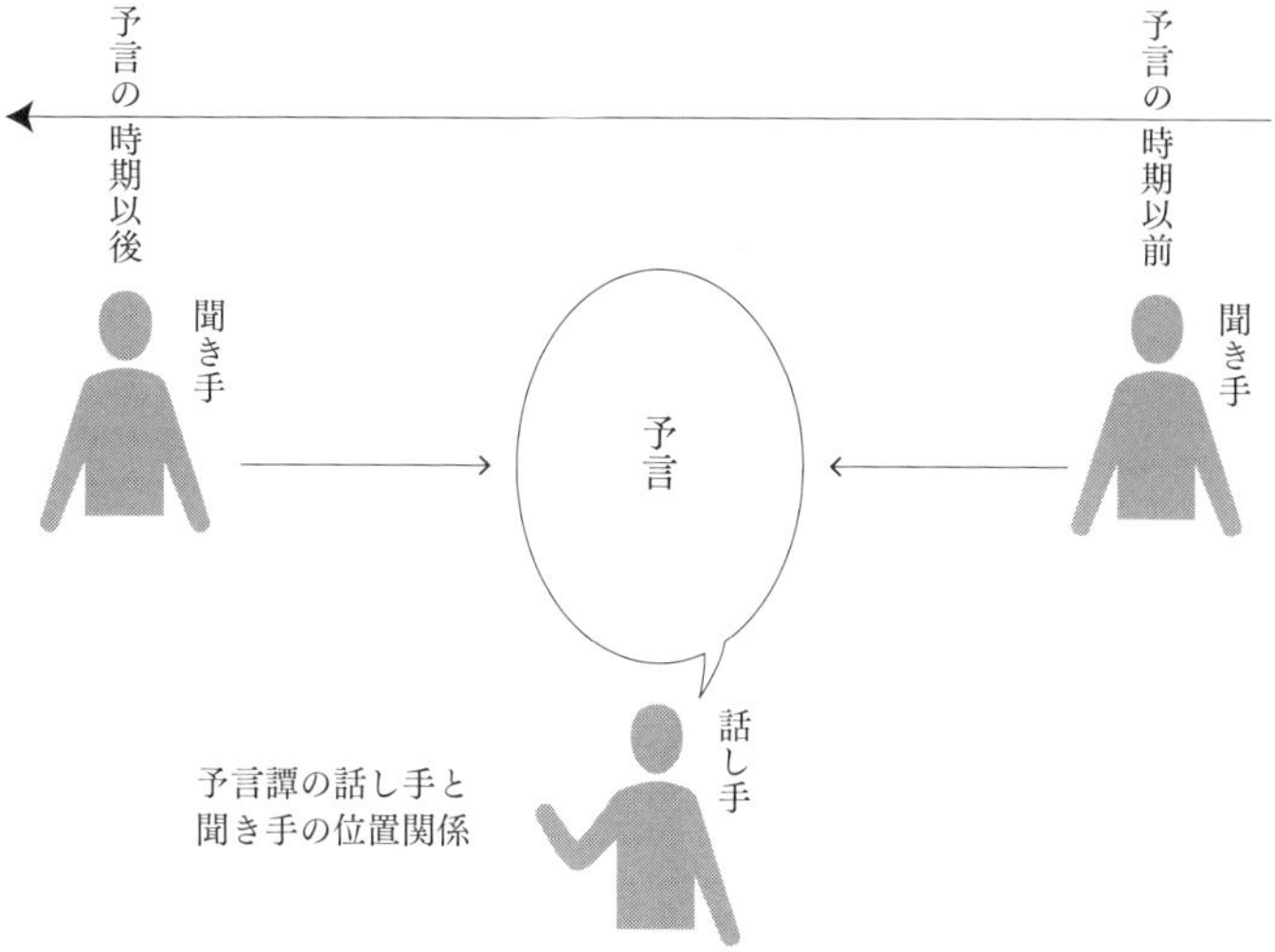


図7-4　予言の時期と聞き手（筆者作成）

じように、「アマビエの姿を描くと疫病の流行が収まる」（原因＝アマビエの絵を描く、結果＝疫病の流行が収まる）という俗信があったわけだ。

俗信の特徴は、諺と比較すると明白になる。諺と違って、俗信は必ずしも口に出して言う必要はない。そこが言語芸術である諺と、心意現象である俗信の大きな違いである。また、俗信には諺のような教訓性は薄い。そして諺には、俗信のように世界の法則をうかがわせる面や、信仰としての面も希薄である。

次に、俗信を説話と比較すると、次のようなことが指摘できる。俗信は一般的な法則で、特定の時間・空間にかかわらず、話されるときは常に現在形である。一方、説話は具体的なエピソードで、特定の時間・空間に関わり、常に過去形で話される。例えば、「カラス鳴きが悪いと人が死ぬ[30]」は俗信だが、これが説話として話されるときは「先週の土曜日、隣の家の屋根でカラスが変な鳴き方をするなぁって思ってたのよ。そしたら、その家のご主人が亡くなってね……」となる。もちろん、これは認識上の因果律であって、実際には、家人が急死したから、さかのぼって、カラス鳴きが悪かったことが思い起こされたわけだ。説話から俗信が生まれるケース、あるいはその逆もあるが、両者には根本的な違いがある。

予言譚にも、話し手が聞き手に施す仕掛けがある。その仕掛けは、予言された期日と、聞き手の位置関係によって発動される。聞き手からみた場合、予言譚には、予言された未来が、①聞き手にとっても未来であるケース、②聞き手にとっては過去であるケースの二パターンがある。もう一つ「予言された未来が聞き手にとっての現在であるケース」も想定しうるが、厳密にいって「現在」という時間は存在するかという問題と関わる。一考を要する問題だが、ここでは煩瑣になるため、未来と過去の二パターンに絞ることにした。

一つ例を挙げると、八重山諸島（沖縄県）に「人魚と津波」という昔話が伝わっている。[31] アマビエや神社姫と同様、海棲生物の予言にまつわる話だ。『日本昔話通観』からプロットを引用すると――①漁師が美しい歌声のする海で人魚を捕らえると、人魚は命乞いし、明日津波が押し寄せる、と教えてくれる。②予言どおりになり、漁師の知らせを信じた人は助かり、信じなかった人は津波に流される。

説話のなかの予言された未来は、通常、話し手／聞き手にとって、過去の出来事として語られる。話し手／聞き手は、予言された未来（「人魚と津波」を例にすれば、津波の到来時期）よりあとの時間を生きている。八重山諸島では、人魚の予言は一万人以上の犠牲者を出した一七七一年の大津波のことだとされるが、そうした史実のことではなく、物語の構造として、予言された未来よりあとの時代に話し手／聞き手はいるのだ。

一方で、予言された未来が、話し手にとっても聞き手にとっても未来であることもありうる。「人魚と津波」でいえばモチーフの②が語られず、人魚の予言が当たるか外れるか不明のままに話が終わるケースだ。それは聞き手に不安感を覚えさせる語りになる。

一八四六年を起点とするなら、五二年がアマビエが予言した六年間の「豊作」と「病流行」の最後の年になる。つまり五二年以前の読者は、予言された未来より前の時間を生きていることになる。瓦版というメディアの特性を考えると、大多数の読者がこちらだったろう。アマビエの予言が当たるか否かは、誰にもわからなかった。しかし、五三年以降の読者（私たちも含む）にとっては、アマビエの予言は過去のものになっている。だから、予言が的中したか否かを検証できる。瓦版というメディアに載った話が、同じ内容であるにもかかわらず、読者が手にする時期によって異なる相貌を見せるのだ。時空を超えて伝承される文字メディアの特徴である。

図7-5　『野馬台詩』
（出典：安部佐市講述『野馬台詩講義』安部佐市、1936年）

この特性を生かしたのが予言文学で、わが国でも、聖徳太子著とされる『未来記』や、梁

（中国）の宝誌和尚著とされる『野馬台詩』などがある（ともに偽書とされる）[32]。これらの書物は一種の歴史書でもあり、予言された未来よりも先の時代を生きる読者が、内容を検証し、符合させていくという特殊な歴史叙述になっている。

予言書のなかに、読者にとっての過去と未来が併存していて、前者が予言に信憑性を与えることもある。例えばノストラダムスの予言が流行した一九七〇年代の日本の読者にとっては、ナチス・ドイツが台頭するという予言は過去のことであり、それが的中した（とされる）ため、九九年に人類が滅亡するという未来の予言が現実味をもって迫ってきたのである[33]。この場合、予言と現実の事件・事故が因果律で結ばれることによって、ノストラダムスを主人公にした予言譚が生成することになる。

現代の俗信のアマビエに予言の要素は希薄だが、ここから説話（予言譚）が生成するか否かは、今後のコロナ禍のゆくえにかかっているだろう[34]。

## おわりに――アマビエ伝承のゆくえ

最後に、アマビエ伝承の今後を予測してみよう。

一つ目は、コロナ終息とともにブームも去り、忘れ去られるパターンだ。この場合は時代の象徴としてだけ記憶されることになる。「そういえば昔、アマビエってあったよなぁ……」と。アマビエはコロナ禍の印象が強くなりすぎたので、ほかの病気除けには適用されず、このコースをたどる可能性は高い。流行のあとの急速な衰退。まさしく、流行神だ。

二つ目は、コロナ終息後も一定の人気を保ち、疫病除けの神として定着するパターン。今回のようなパンデミック級の疫病でなくても、一般的な病気平癒の神になることも考えられる。コロナ禍のさなかに作られたアマビエグッズの数々は、ブーム終了後も護符として流通する可能性があり、このコースをたどることも十分考えられる。

三つ目は、コロナ終息後に信仰を失うものの、忘れ去られることもなく、キャラクターとして定着するパターンである。零落した神、祀られない超越的存在で、キャラクター性が高いモノ、つまり妖怪だ。ブームのさなかから、世間的にはアマビエは妖怪とみなされていたわけだが、ここで、名実ともに妖怪になることになる。

四つ目は、コロナが容易に終息せず、その結果、悪神化するパターンだ。可能性は低いが、中世ヨーロッパのペスト医師（鳥の顔のマスクに帽子とコート姿）が、病を退治する側にもかかわらず、死神のように不吉な存在になったのを思えば、ない話でもないだろう。実際、疱瘡神がそうであるように、厄病神と福の神は近しい存在だった(35)。

まだコロナ禍の終息時期は見通せないが、第四のパターンだけは勘弁願いたいところだ。

# 注

（1）「Twitter」上で「Amabie愛好家」を名乗る「ナカネくん」（@u_saku_n）によると、アマビエの絵の投稿を呼びかける最初のツイートがされたのは二〇二〇年二月二十七日だという。ただし、口頭で榊祐一氏（台湾・南台科技大学教員）から聞いた話だが、実際に投稿数が増えだしたのは同年三月三日前後のツイートから、「アマビエチャレンジ」という語が用いられ始めたのもそのころからで、実際、「ナカネくん」作成の投稿推移グラフでもその傾向がみられる。この時期、新型コロナウイルスの日本国内での感染者数はまだ増加していなかったが、世界的な流行の兆しが見え始めていた（WHO〔世界保健機関〕のパンデミック宣言が二〇二〇年三月十一日）。

（2）野口みな子「アマビエ、いち早く描いていた「国民的漫画家」コロナウイルスで注目――「姿を写して人々に見せよ」の真意とは」「withnews」（https://withnews.jp/article/f0200320000qq000000000000000W06910201qq000020721A）［二〇二〇年四月五日アクセス］

（3）京都大学附属図書館蔵。同瓦版も、SNS上で拡散されている。

（4）湯本豪一「妖怪「アマビエ」の正体――記事から謎を解く」、湯本豪一編『明治妖怪新聞』所収、柏書房、一九九九年

（5）湯本豪一「予言する幻獣――アマビコを中心に」、小松和彦編『日本妖怪学大全』所収、小学館、二〇〇三年

（6）長野栄俊「予言獣アマビコ考――「海彦」をてがかりに」「若越郷土研究」第四十九巻第二号、福井県郷土誌懇談会、二〇〇五年

（7）長野栄俊「予言獣アマビコ・再考」、小松和彦編『妖怪文化研究の最前線』（妖怪文化叢書）所収、

せりか書房、二〇〇九年

（8）佐藤健二『流言蜚語──うわさ話を読みとく作法』有信堂高文社、一九九五年

（9）前掲「予言獣アマビコ・再考」

（10）常光徹「流行病と予言獣」「国立歴史民俗博物館研究報告」第百七十四巻、国立歴史民俗博物館、二〇一二年

（11）柳田國男『妖怪談義』（現代選書）、修道社、一九五七年

（12）小松和彦『妖怪学新考──妖怪からみる日本人の心』小学館、一九九四年

（13）廣田龍平「妖怪の、一つではない複数の存在論──妖怪研究における存在論的前提についての批判的検討」「現代民俗学研究」第六号、現代民俗学会、二〇一四年

（14）宮田登／小松和彦／高橋典子「巻頭座談会 鬼とは何か？──鬼の虚像と実像をめぐって」「フォークロア」第一号、本阿弥書店、一九九四年

（15）第２章「お岩さんと愉快な仲間たち──笑い話としての「四谷怪談」と「皿屋敷」」でも述べたように、「かわいらしさ」と「醜悪さ」は共通の感情から生じていて、コインの裏表の関係にある。この点については、四方田犬彦の前掲『「かわいい」論』を参照。

（16）「幻獣」という語を学術用語として積極的に使用したのは湯本豪一だった。湯本は以下の著作で、幻獣を「この世に存在しないにもかかわらず、さまざまなかたちで記録、伝承されてきた幻の生物」と定義し、例として河童や人魚を挙げている。湯本はこれらのモノたちが妖怪として扱われることに違和感を覚えて、幻獣という語を提唱した。一方、長野栄俊は「広義の妖怪」を「幽霊以外の〝何か不可思議な存在〟」としたうえで、幻獣を「その中でも河童や人魚のように多くの人が目撃し、記録し、〝生き物〟としてその存在を信じてきたもの」と定義している。幻獣を妖怪の下位概念に置いて

いて（「狭義の妖怪」としている）、そこに湯本とスタンスの違いがみられる。そして「幻獣」のうち「人間に未来を予言し、伝えるもの」を予言獣としている。湯本豪一『日本幻獣図説』河出書房新社、二〇〇五年、前掲「予言獣アマビコ・再考」

(17) 宮田登は、一九七二年に『近世の流行神』（「日本人の行動と思想」第十七巻）を評論社から刊行している。今回参照したのは、同書を増補改訂した以下の著作である。宮田登『江戸のはやり神』（ちくま学芸文庫）、筑摩書房、一九九三年

(18) 和歌森太郎「歴史における風俗と民俗」『日本風俗史考』（潮新書）、潮出版社、一九七一年

(19) 榊祐一氏のご教示によって知ったが、「Twitter」上でも、アマビエを「流行神」と呼ぶ例はいくつかある。なかでも「鳥居」（@shinmeitorii1）の二〇二〇年三月二十三日のツイートでは、宮田の前掲『江戸のはやり神』に言及している。しかし、本文で述べたように、アマビエを扱った各種メディアで圧倒的に多いのは「妖怪」という呼称である。なお、流行神に関する考察を続けてきた黄緑萍は、以下の論考で、インターネットを利用して宗教活動をする団体の調査をしている。ただし、考察対象になった「願いの宮」の場合、教祖的人物がいて組織化されている点が、アマビエとは異なる。黄緑萍「インターネット時代の流行神――「願いの宮」を事例に」「東北宗教学」第七巻、東北大学大学院文学研究科宗教学研究室、二〇一一年

(20) 前掲『江戸のはやり神』

(21) 病気を軸にした文化論は多いが、例えば次のような著作が挙げられる。なかでも、小松和彦編の著作は、コロナ禍を取り上げたもののなかでは出色である。マルセル・サンドライユ／ジョルジュ・ボート／グュイ・マザール／ピエール・ユアール／ジャン・ボシィ／ピェール・イルマン／エミール・ジルブラン／エミール・アロン／ポール・フルール『病の文化史』上・下、中川米造／村上陽一郎監

訳、リブロポート、一九八四年、立川昭二『病いと人間の文化史』（新潮選書）、新潮社、一九八四年、鈴木則子『江戸の流行り病――麻疹騒動はなぜ起こったのか』（歴史文化ライブラリー）、吉川弘文館、二〇一二年、小松和彦編『禍いの大衆文化――天災・疫病・怪異』ＫＡＤＯＫＡＷＡ、二〇二一年

(22) 前掲『江戸のはやり神』

(23) 前掲「予言獣アマビコ・再考」

(24) 福原敏男は、幕末のコレラ流行時に、さまざまな神仏や予言獣が発生したことを豊富な資料をもとに論じている。村田典生「流行神の展開過程――近世山科妙見を事例として」、佛教大学学術委員会／文学部編集委員会編「佛教大学大学院紀要 文学研究科篇」第四十号、佛教大学大学院、二〇一二年、福原敏男「疫病と怪異・妖怪――幕末江戸を中心に」、前掲『禍いの大衆文化』所収

(25) コロナ禍初期の二〇二〇年四月ごろに目についた例を、ツイートだけ引用すると――「アマビエに遭遇!!『病が流行したら私の姿を写して人々に見せよ』って待ってましたの展開に！これで疫病退散&世界平和だ!!」(@kemuurujin)、「星とアマエビに願いを　早く終息しますように」(@thomas_1_bonn)、「アマビエ様を編みました。なるべく原作に近い感じを目指しました。明るい明日が来ますように」(@bon_66)、「アマビエ様！ＳＮＳで流行ってるって職場の人に教えてもらって私も描いてみました!!はやく皆が安心して暮らせる日が来ますように！」(@mayufra26)、「夜な夜な、食べアマビエ描くの楽しい。描いてる時は例の風邪の事完全に忘れていられる。風邪退散の為に描いてるてるわけだから可笑しな話なんだけど。でもね描き終わった後はどうか早く終わりますようにって思ってるよ。」(@tan_uk_ijiru)、「そろそろ晩ごはんなのですが、今日はアマビエさんにぼくのうどんをあげて疫病退散をおねがいしました」(@irucakoto)……など。

(26) 香川雅信は、江戸の疱瘡をめぐって発生した諸文化を「疫病が日常化した都市において、疫病と共

に（with 疱瘡）生きるために人々が生み出した儀礼だった」としたうえで、アマビエチャレンジを「疫病によってもたらされた陰鬱な空気を打ち払ったという意味で、真の「疫病除け」だった」と結論づけている。香川雅信「疫病を遊ぶ——疱瘡神祭りと玩具」、前掲『禍いの大衆文化』所収

（27）長野栄俊「新型コロナ封じで流行中の妖怪「アマビエ」の正体とは？　本気のアマビエ研究者がわかりやすく解説します！【ふーぽコラム】」「ふーぽ」（https://fupo.jp/article/amabie/）［二〇二〇年四月五日アクセス］

（28）妖怪伝承をめぐる俗信と説話の関係については、以下の拙稿を参照。伊藤龍平「口裂け女は話されたか——「俗信」と「説話」」、日本口承文芸学会編「口承文芸研究」四十四号、白帝社、二〇二一年

（29）「俗信」の定義を含む論考に以下がある。本文で私が提示した定義も、これらの論考によるところが大きい。井之口章次『日本の俗信』弘文堂、一九七五年、前掲『日本俗信辞典 動・植物編』、吉成直樹『俗信のコスモロジー』白水社、一九九六年、板橋作美『俗信の論理』（民俗宗教シリーズ）、東京堂出版、一九九八年、常光徹『妖怪の通り道——俗信の想像力』吉川弘文館、二〇一三年

（30）「カラス鳴き」の俗信と説話については、早くに常光徹による指摘がある。常光徹『学校の怪談——口承文芸の展開と諸相』（Minerva 21世紀ライブラリー）、ミネルヴァ書房、一九九三年

（31）「人魚と津波」は、『日本昔話通観』（同朋舎出版、一九七七—九〇年）で、話型として採られた。藤井の以下の論考では、同話型だけでなく、海の動物の報恩譚全般を扱っている。また、「人魚と津波」と共通のモチーフを含む「物言う魚」については、後藤明によるスケールの大きい考察がある。畑中章宏は、アマビエと「物言う魚」の類似性に言及している。柳田國男「物言ふ魚」『一目小僧その他』小山書店、一九三四年、藤井佐美「亀の教え——民間説話「人魚と津波」の視座より」「尾道大学日本文学論叢」第二号、尾道大学日本文学会、二〇〇六年、後藤明『「物言う魚」たち——鰻・

蛇の南島神話』小学館、一九九九年、畑中章宏「アマビエブームで見逃されたこと民俗学者が書く「物言う魚」の本質――疫病の記憶を「ブーム」で忘れないために」「withnews」（https://withnews.jp/article/f0200530005qq000000000000000W0ex10101qq000021217A）［二〇二〇年五月三十日アクセス］

（32）小峯和明『『野馬台詩』の謎――歴史叙述としての未来記』岩波書店、二〇〇三年、同『中世日本の予言書――〈未来記〉を読む』（岩波新書）、岩波書店、二〇〇七年、同『予言文学の語る中世――聖徳太子未来記と野馬台詩』吉川弘文館、二〇一九年

（33）一九七〇年代のオカルトブームのなかの「ノストラダムスの大予言」については、以下の論考を参照。大島丈志「「ノストラダムス」の子どもたち」、一柳廣孝編著『オカルトの帝国――1970年代の日本を読む』所収、青弓社、二〇〇六年

（34）今後のアマビエ研究に必要になるのは、ローカルな視点である。なぜならば、アマビエ伝承はインターネット上のコミュニティーから始まり、（いわゆる）リアルな世界のコミュニティーへと展開していったからである。その意味でも、以下の論考は地方でのアマビエ伝承の記録として貴重である。市東真一「しづかアマビエの展開――長野県松本市での実践について」「長野県民俗の会会報」第四十三号、長野県民俗の会、二〇二〇年、同「コロナ禍におけるアマビエの流行（続）――しづかアマビエの展開」、神奈川大学日本常民文化研究所編「民具マンスリー」二〇二一年十一月号、神奈川大学日本常民文化研究所、永島大輝「栃木にみるコロナ禍の覚書」、日本口承文芸学会編「口承文芸研究」第四十四号、白帝社、二〇二一年

（35）かつての日本人は、天然痘を「疱瘡神」として、コレラを「虎狼狸」として悪神化した。新型コロナウイルスを悪神化した例はなく、擬人化した「コロナちゃん」という萌えキャラは生まれたが、明

らかに中国人女性とわかるそのデザインはヘイトクライムにつながるものだとして、問題視されている。

# コラム7　ある「研究者」の会話

二十代の後半のころ、東京・中野ブロードウェイの喫茶店で本を読んでいたら、隣席の会話が聞くともなしに聞こえてきた。サラリーマンとおぼしき二人の男で、一人は三十歳前後の若い男、もう一人は四十代ぐらいの中年の男だ。上司と部下の関係らしい。若い男が会社を辞めたがっていて、中年の男がそれを思いとどまらせようと説得している。若い男の意思は固く、なかなか自分の意見を曲げない。だんだん二人の会話はヒートアップしていき、しまいには口論に近いありさまになった。

「辞めてどうするんだ？　何かあてはあるのか？」と、中年の男。若い男は、「実は……」と逡巡したあげく、覚悟を決めたように切り出した――「研究で食べていけるめどが立ったんです」。当時、研究者のタマゴだった私は、にわかに会話の行方が気になり始めた。中年男のほうはちょっと面食らったようだったが、すぐに「研究？　何の研究だ？」と詰め寄った。当然の問いである。私も気になる。

若い男は声を潜めてこう言った――「G1レースって知ってますか？」。いきなり競馬の話？と思って耳をそばだてると、彼の「研究」が、競馬の勝敗とポスターの図案の関係を探るというテーマだとわかった。すなわち、どの馬が勝つのかはあらかじめ決まっていて、それがポスターのなかに暗示されている、その法則を突き止めたのでそれで生計を立てられるから仕事を辞める、というのだ。彼の競馬仲間にもその法則に気づいた者がいるという。

そんな馬鹿な……と思っていると、中年の男も「誰が何のためにそんなことをするのだ？」と、呆れたように言った。その問いに対する若い男の答えは覚えていないが、（この人に何を言っても無駄だ）という諦めの表情をしたのを覚えている。

競馬をめぐる都市伝説の一つに、「レースは仕組まれたもので、当たり馬券は事前に決まっている」というものがあることは、競馬マニアの後輩から聞いていたし、そういう想定にもとづいて予想をするタレントがいるのも知っていた。それらは半ば笑い話だったが、一人の人間の人生を変えてしまうとなると、笑い事ではなくなる。

それにしても、あのとき、若い男が見せた表情が忘れられない。世の中には隠れた法則があり、世間の人は気づいていないが、自分だけはそれに気づいてしまった――という顔だった。陰謀論に典型的な発想法だが、考えてみれば、オリジナルの説を紡ぎ出さなければならない研究者も、しばしばこんな表情を見せる。彼が「研究」という語を使ったのも偶然ではない。

陰謀論の話し手は、常に聞き手に対して、優位な位置に立ちたがる。それが陰謀論の仕掛けである。そして、それは予言者や宗教者の発想にもつながる。

あれから二十数年、彼の「研究」はその後、どうなっただろうか。

# 第８章

# 怪異は、解釈されたがる

## ——実話怪談集『新耳袋』

### はじめに——怪異を解釈すること

チャールズ・ディケンズの怪奇小説「信号手」（一八六六年）を読んだのは小学校高学年のころ。学級文庫の一冊に入っていて強く印象に残っている。(1)鉄道事故をめぐるストーリーで、大人になって読み返してみても不気味な印象は変わらない。自分の言動のなかに、いつの間にか他者の（それも死者の）意思が入り込んでいた（かもしれない）という不気味さである。岩波文庫版の解説にあるように、すべてが合理的に説明できて何一つ怪異現象は起こっていないようにも読めるのだが、それでもどこか割り切れない気味の悪さが読後に残る。同じ印象を佐藤春夫の「女誡扇綺譚」（一九二五年）を読んだときにも感じた。(2)

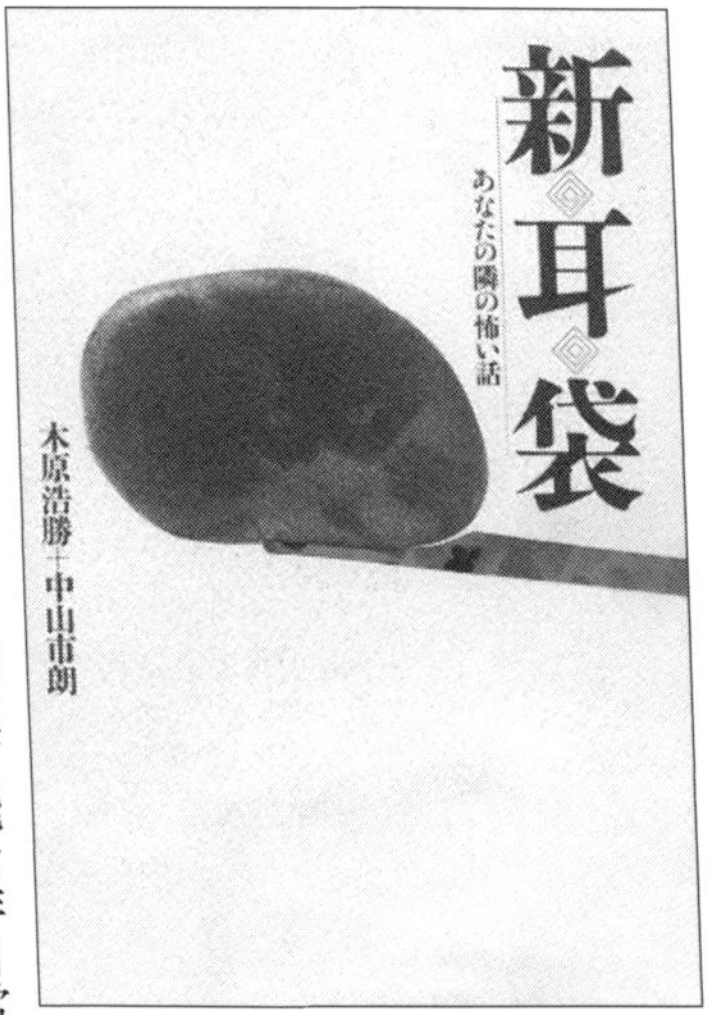

図8-1　木原浩勝／中山市朗『新・耳・袋――あなたの隣の怖い話』（扶桑社、1990年）の書影

この小説の気味悪さは、怪異を合理的に解釈できるか否かの瀬戸際の、絶妙な地点に読者を置き去りにするところにある。だから読者は解釈をしようと試みる。解釈することによって怪異を矮小化させ、恐怖心を和らげられるからである。

往々にして、怪異に遭った人は、その現象を解釈することによって、非日常的な体験を日常的な体験に転換させようとする。それが無理な場合は、解釈可能な非日常的体験に転換させようとする。例えば、山で道に迷ったとき、方向音痴が原因だと解釈すれば、日常を取り戻せる。それを狐に化かされたと解釈すれば、非日常であることに変わりはないものの、理解は可能になり、恐怖心は和らぐ。最も怖いのは、解釈不可能な非日常体験である。

怪異を解釈することは、精神を守るための安全弁なのだ。ネットロア「くねくね」が怖いのは「解釈」という安全弁の使用が禁じられる点にある。解釈し理解したとたんに人を発狂させる「くねくね」の怪異主体は、人間の本性を脅かす。

一方、解釈することによって日常が非日常になり、恐怖が生まれることもある。夜目に見えていた白い影を、あとで幽霊だと解釈したとたんにゾッとするような例である。ネットで人気がある

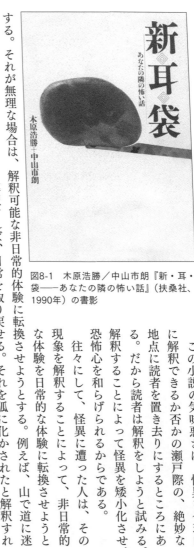

「意味が分かると怖い話」などは解釈行為を織り込んだ怪談である。[3]

怪異をテーマにする怪談というジャンルは、本質的に「解釈」を呼び寄せる。この章で取り上げる「実話怪談」は「解釈」という行為を前景化させた語りである。

実話怪談集の嚆矢であり、ベストセラーになった『新・耳・袋』は、『新耳袋』と書名を変えて、十巻まで刊行された。[4]各巻約百話として全千話前後。怪談集という枠にとどまらず、現代説話集としても評価されるべき本である。台湾でも翻訳が出るなど、海外へも波及している。本章では『新耳袋』を例に、実話怪談について考えてみたい。なお、書名は『新耳袋』で統一した。[5]

## 1　実話とは何か、実話怪談とは何か

最初に考えてみたいのは「実話」という語についてである。「実話」とは何だろうか。こう問いかけられると、「文字どおり、実際にあった話に決まってるじゃないか」と思われるだろう。そうではない。私が考えてみたいのは、ある話が「これ、本当にあったことなんだけどね……」と切り出されたときに生じる語り手と聞き手の関係性と、その場を支える話の内容についてである。実話もまた、仕掛けがある話なのである。

逆説的になるが、実話とは「本当らしくない話」のことだ。意外で物珍しく、わざわざ「本当にあったことなんだけどね……」と断らなければ聞き手が事実だと認定しがたい内容の話が実話であ

る。例えば「本当にあったことなんだけどね……」という前置きのあとに「昨日、UFOを見たんだ」と続ければ実話たりうるが、「昨日、ご飯を食べたんだ」と続けたなら、事実であっても実話の場は成立しない。それは実話の仕掛けを転用した笑い話である。ありきたりの話は実話にならないのだ。その意味で、実話と奇談は同じなのである。奇事異聞に信憑性をもたせるのが実話の話法だが、それは奇談でも同じだ。

しかし、奇事異聞の度が過ぎると、実話の場は保てなくなる。「本当にあったことなんだけどね……」という前置きのあとに、「昨日、タイムスリップして坂本龍馬に会ったんだ」と続けたら、いくら何でもこれは実話ではない。語り手が投じた仕掛けが機能しないからである。それは「ほら話」と呼ぶべき話である。虚構であることを前提として愉しむほら話も、仕掛けがある話の一種であり、魅力的な研究テーマではあるが。(6)

また、日常的なことでも、話し手と聞き手が意外に感じたなら実話たりうる。「本当にあったことなんだけどね……」という前置きのあと、「近所のスーパーで安売りしてたんだって」と続けても、その二人にとっては実話かもしれない。

このように、実話とは、話し手と聞き手の関係性によって成り立つものなのである。先ほどの例でも、日頃からUFOを見慣れている人にとっては実話にならないし、UFOをまったく信じない人にとっても実話にならない。「実」の反対語は「虚」。「虚話」という日本語はないが、「虚談」「虚言」という語ならある。意味は「嘘」であり、つまり「フィクション」「創作」に通じる。これを「文芸」と言い換えてもいい。実話怪談の対義語としては「創作怪談」「文芸怪談」が適切だし、実際、そうした使用例もある。近松門左衛門の虚実皮膜論ではないが、虚と実の狭間の絶妙な地点に生成するのが実話なのである。

序章で述べたように、怪談には怖がらせたい話し手／書き手と、怖がりたい聞き手／読み手という二人以上の人間が必要である。その点は実話怪談も文芸怪談も同じである。それでは、実話怪談と文芸怪談は、何が違うのだろうか。怪談に「実話」という語をかぶせることに、どのような効果があるのだろうか。

仕掛けがある話の多くは、話し手が聞き手に特定の感情――怪談ならば恐怖、笑い話ならばおかしみ、悲話ならば悲しみ、美談ならば感動――を抱かせようとするものだ。だが、実話で発動される仕掛けはそうしたものではない。これから話すことを事実として聞くように要求する、すなわち話を聞くスタンスの取り方についての仕掛けである。だが、実話＋怪談＝実話怪談ではなく、後述するように、そこにプラスアルファがある。

理論的には「実話」という語は「怪談」以外にも接合しうる。「実話笑い話」の例を挙げると――「本当にあったことなんだけどね、さっき、バナナの皮を踏んだら滑って転んじゃったんだ」／「ははは、漫画みたいだな。バナナの皮って本当に滑るんだ」。

あるいは「実話悲話」の例なら――「本当にあったことなんだけどね、生活保護を受けられなかった親子が心中して……」／「気の毒に。行政は何をやってるんだ」。

「実話美談」の例――「本当にあったことなんだけどね、五十年間、公園のゴミ拾いをしてたお婆さんがいたんだって」／「偉いね、ちょっとまねできないね」。

話し手が聞き手の感情を動かすためには、ありきたりではない、非日常的な話題が選ばれる。だから、ときとして、事実性を担保するために、実話という仕掛けが必要になるのだ。

以上が私の見解だが、作り手の側は「実話怪談」をどう定義しているのだろうか。木原浩勝と中山市朗は、『新耳袋』の「まえがき」におおよその定義を載せている。いわく――「遠い昔の怪談話ではなく、この現代に起こった」怪異で、「基本的には一切の究明、解釈を求めず、ただ起こった現象を記しただけ」「唐突で意味不明の不思議な出来事」[7]など。また、「あとがき」では「古来から言い伝えられた怪異ではなく、二十世紀末の現代に起こった」怪異を採り、「祟りや因縁にまつわる話は極力除外している」[8]とも書いている。

第二巻「あとがき」には、木原・中山のスタンスがより明瞭に表れている。第一巻第一章の「幼い時に見聞きした六つの話」を原体験とする著者は、同じ感覚を求めて怪談本を読みあさったが、期待に応える本には出合えなかったという。その理由を次のように書いている。

> 実感からいえば、数多く読んだというより、いかにも創作的な同じパターンをくり返し読んだだけだった、と記憶している。(略)けっして読み物としての存在を否定しているわけではないが、怪談本である以上怖くなくてはならないという一点のために演出が施されすぎていて、原点(ママ)となった話の怖さが失われてしまったと思えるものも多く目に映るのは残念でならない。(略)筆者が聞き集めた体験談の数々は、じつに突発的に起こり、理由もわからず、結末らしいものがなく、意味すら不明のまま通りすぎていくような話が大半を占める。そして、これま

でのどの本にも収録されていない、実在感に満ちた体験談ばかりなのだ(9)。

最後の一文に、新しいジャンルを創出しようという決意が見て取れる。アルベルト・ティボーデの言葉「真の小説とは、小説にむかって発する「否《ノン》！」に始まる(10)」のように、既存の怪談に対する「否《ノン》！」から生まれたのが『新耳袋』だった。実際、『新耳袋』は新たな沃野を切り開いた。それは怪談に限らず、物語文法の使用法という意味で、である。

## 2　アマチュアリズムと語りの「空白」

先の木原・中山の言葉から、実話怪談を成立させる条件がみえてくる。整理すると――。

①話し手が手を加える前のプリミティブな話の素がそのまま提示されること。すなわち、作為の排除が、実話怪談の第一の特徴である。だから、他者の解釈が入る余地が少ない体験談が好まれる。ただし、ここでの「プリミティブ」が実態ではない点には注意すべきである。本当に「ただ起こった現象を記しただけ」なのかは、著者本人にしかわからない。正確にいうならば、「プリミティブな話であることを装う」ことが実話怪談の話法である。

②類話の否定。これは第一の特徴とも関わっている。実話ならば、同じ話・似た話が複数あるのは不自然だからだ。怪談師の黒木あるじが述べているように、実話怪談では類話は嫌われる傾向が

図8-2 『耳囊』（国立国会図書館蔵）

ある。[11] ただし、ここで否定されるのは伝承文学研究の立場からいう類話であり、怪異主体（幽霊・妖怪など）の行動に秘められた法則によって生まれた場合の類話は、むしろ好まれる傾向がある。

③現代の話であること。一般的には一九四五年の終戦以降を「現代」と呼ぶが、この場合の「現代」は、同時代感覚をもてる範囲という意味である。『新耳袋』には戦前の話もある。言い換えれば、話の場と話の内容が地続きで、時代的な断絶感がない話である。江戸時代以前の話（例えば、「四谷怪談」のお岩の祟り）には時代的な断絶が感じられるが、その怪異が現代に現れると（例えば、演劇関係者が体験するお岩の祟り）、実話怪談の範疇になる。

いま提示した実話怪談の特徴が、普遍的・通時的なものであることに留意しておきたい。一点目、二点目はむろんだが、三点目の特徴である「現代」もいつの時代にもある。近代には近代の、近世には近世の実話怪談があった。具体的にいうと、『新耳袋』の書名のもとになった『耳囊』（十八世紀末——十九世紀初め）に載せられた話の一部が近世の実話怪談の例である。近世には多くの怪談集が刊行されているが、そのなかにあって、木原・中山はあえて怪談集ではない随筆『耳囊』の後裔に自分たちの本を位置づけた。[12]

その理由に、木原・中山はアマチュアリズムを挙げている。[13]『耳嚢』の著者・根岸鎮衛（一七三七―一八一五）の本職は江戸南町奉行。『耳嚢』は多忙な公務の合間に、木原・中山の言葉を借りれば「プライベートな趣味」として書かれ、「公開の意思はまったくなかった」（実際、『耳嚢』は刊行されず、写本として流通していた）。その姿勢を評価する木原・中山は「根岸鎮衛同様、我々も死ぬまで怪異な話の収集はやめないであろう[14]」と述べる。

アマチュアである根岸鎮衛は、積極的に奇談を収集していたわけではない。日々の暮らしのなかで耳にした話を書きとめていた。『耳嚢』の序文には「此冊子は営中勤仕のいとま、古老の物語或は茅屋を訪来し人の雑談、暫耳にとゞまりて面白きと思ひし事、亦は子孫の心えにも成らんとおもふ事どもを、かたはらなる反故のうらに書とゞめて（略）市中の鄙言など誠に戯れごとなれど、是も洩らさで書綴りぬ。数多き中にはいつはりの言葉もありぬべけれど、かゝる人の偽は知らず、唯、聞し事をありのまゝにしるせり[15]」とある（傍点は引用者）。

これと同様に、『新耳袋』も「我々が人と出会うなかで徐々に集まってきた怪奇で不思議な話を個人的記録として書きつづけていたもの」で、それが「出版の機会を得た[16]」ため世に出たと記している。能動的であるはずの収集活動が「徐々に集まってきた」と受動的に表現されている点に注目したい。柳田國男は、特定の人のために意図的に残された「計画記録」よりも、誰かのために残されたわけではない「偶然記録」にこそ民衆の心意が表れているとしたが[17]、それに通じる姿勢である。『新耳袋』編纂の際に捨象されたのはプロの手にかかった文芸怪談である。江戸の怪談文化の代表的な作品――例えば「四谷怪談」「皿屋敷」「牡丹灯籠」「累が淵」などは採られなかった。これらの怪談には元ネタがある場合もあるが、手練れの語り手・書き手たちによってブラッシュアップされてきた。そうした怪談に、木原・中山は作り物臭を感じたわけだ。では、『新耳袋』は、プロの書き手たちにどのように受け止められたのだろう。

岩井志麻子は『新耳袋』を初読したとき「私のために編集してくれたのでは――？」と思うほどに共感したという。「わかりやすい因果関係やオチをつけてくれている実話集もそれはそれで楽しめるが、私自身の入りこむ余地がないのはつまらない」と書く岩井は、『新耳袋』をこう称揚する――「淡々と現象だけを記した物語の、なんという怖さ不思議さ面白さ。（略）凡庸なあなたや私が、いつもの日常で出会うものなのだ」(18)。ここに実話怪談のエッセンスがある。従来の怪談に比べて、聞き手／読み手の話への参与度が高いのだ。

一方で、宮部みゆきは北村薫との対談のなかで、実話怪談に対する違和感を表明している。道尾秀介の小説「鬼の跫音」を「実話系を通過していないというところで、そこもポイント高い」と評した宮部は、「フィクションの怪談がすべて実話系になってしまうのは、私はやっぱり寂しいと思うんです。じつは、私は、実話は弱いんですね、現実に引っ張っちゃうから」と述べ、「実話の場合はそういう、フィクションとはちょっと違うベクトルがある」(19)と発言している。江戸の怪談文化を愛する宮部らしい発言で、岩井との対比が面白い。

宮部がいう「現実に引っ張っちゃう」感覚は、実話怪談の特徴「現代の話であること」と関わる。この点について、脚本家の高橋洋はこう述べている――「ひとつひとつのエピソードはアッという間に読めてしまうほど短く、簡潔だ。そして残されるのは真っ白いページの余白。（略）だが『新耳袋』の真の恐ろしさはそうした空白を呼び起こす語りの妙にのみあるのではない。その空白が何とも曖昧な形で現実とつながっているからこそヤバイのだ。コテコテのフィクション担当の私としてはもう白旗を揚げるしかない[20]」。

この実話怪談に特有の奇妙な「空白」を、高橋は映画『リング』(監督：中田秀夫、一九九八年)の脚本を執筆する際に導入部に取り入れたという。実話怪談には映像化されたものもあるが、それらの作品には、因果律では説明しきれない奇妙な後味を残すものが多い。実話怪談の話し口はドラマトゥルギーにも影響を及ぼしている。

先ほど述べた実話＋怪談で生まれるプラスアルファとはこの空白のことである。では、実話怪談の空白は、話にどのような作用をもたらしているのだろうか。

## 3　「語られざる語り」と向かい合う

この空白について、飯倉義之は「怪談実話の書き手は、そうした「未決感」をあえて作り出そうとしている」とし、そこに実話怪談の文法を見いだしている。飯倉は、水藤新子の論[21]を参照しながら、「「実際に起きたこと」であるがために、後付けの因果や起承転結がなく、説明不能なのである」と述べ、「すなわち怪談実話とは「人間の常識が通用しない状況に翻弄される人々」を語る怪談[22]」だと結論づける。

確かに、実話怪談にはパズルのピースが一つ抜けているような印象がある。怪談師にして実話怪談研究家でもある吉田悠軌は、この実話怪談の特徴を「投げっぱなし」「不条理」という語で表現している。[23]いずれも未決感から生じるものだ。

水藤・飯倉の見解に賛同しながらも、若干の修正を施すならば、「未決」よりも「未成」という語を使うほうが適切だと思う。「未決」という語を使うと、結末だけが欠けている印象になるからだ。[24]実話怪談に欠落しているのは、発端や中途である場合も多い。なぜこんなことが起こったのか（発端）、なぜこんな展開になるのか（中途）、なぜこんな結果になるのか（結末）が不明瞭なまま、謎を残したまま話が終わるのが実話怪談である。もっとも、「未決感」というのが、「結末がない」の意味ではなく、「終わっていない」＝「怪異が現在進行形で続いている」の意味なら、この語も当を得ているといえる。[25]

ここで新たな疑問が生じる。実話怪談と破綻した怪談はどこが違うのだろう、未成感＝怪談の破綻ではないのか――と。この問いに対する答えが、先ほど用いた比喩「パズルのピースが一つ抜けているような印象」にある。これを裏返せば、「パズルのピースをもう一つはめさえすれば完成する」ことになる。そのピースを探すのが、実話怪談愛好家の愉悦なのだ。

水藤は、実話怪談に接した聞き手が、「①未決感を嫌って読み手なりにそれを解釈しようとし、②与えられた「事実」を反芻することで書かれていない可能性を想像し、③多々ある可能性のなかから「怪異譚」という枠組みに沿った仮説を選択し、④書き手の狙った（それ以上の）恐怖を体感する」[26]ことを指摘している。

実話怪談は未成であり、型をもたず、物語を拒む。もう一歩で完成するというギリギリのところで型、物語への収斂を回避するのが実話怪談なのである。だから逆に、強烈に型や物語を意識させられる。実話怪談と破綻した怪談との相違はここにある。破綻した怪談の場合、足りないピースは一つや二つではない。完成状態を想像できるのが未成ということである。その際、欠けたピースがいくつまでなら実話怪談で、いくつ以上ならば破綻した怪談になるかは、個人差による。そして実話怪談に接した人は、型や物語を完成させるため、未成を完成に転じさせるため、語られていない部分を想像する。(27)

未成感という仕掛けは、実話怪談に特有のもののようだ。先に思考実験として挙げた実話笑い話、実話悲話、実話美談が未成だった場合は、聞き手の感情（おかしみ、悲しみ、感動）を増幅させる作用はなく、中途半端な感じがするだけである。実話怪談の場合に限って、その中途半端な感じが不安感を生み、不条理な恐怖心と結び付く。この不安感は、おかしみ、悲しみ、感動などの感情には結び付きにくい。

こうした実話怪談の特徴は、修辞学では「省略法」といって伝統的な文芸技巧の一つである。「言ひおほせて何かある」（松尾芭蕉）。あえて言わないことによって、実際に言うこと以上の効果を生む技巧である。(28)文芸怪談にもしばしば用いられる技巧で、例えば、上田秋成『雨月物語』（一七六八年）中の一編「吉備津の釜」のラストでは、血に染まった髻《もとどり》だけを描写することによって主人公の凄惨な最期を予想させ、同作品を文学史上に残る怪奇小説たらしめた。

だが、従来の怪談の省略法は、「吉備津の釜」の例のように、部分の描写にとどまっている。それが話全体の構造に及んでいるのが実話怪談なのである。私が実話怪談に興味をもつのは、「型からの逸脱」と「物語の拒否」をその定義に含み、「未成であることによって成立する」というアンビバレントな点にある。それは一九九〇年代の世間話研究のように話型を否定するものでもない[29]。先に述べたように、実話怪談は、逆説的に、型や物語を強烈に意識させる仕掛けになっているからだ。これは従来の口承説話のありようと著しく異なっている。したがって、実話怪談を論じるにはダイナミックな論の展開が必要とされる。実際には語られていないにもかかわらず説話全体を支配する型、物語と向き合わなければ、実話怪談を読み解くことはできないからだ。それは「話型」「モチーフ」「物語」「プロット」などの術語の強度を測る意味でも有用である。

もっとも、実際に実話怪談を聞いて/読んでいると、未成度に濃淡があることがわかる[30]。『新耳袋』から例を挙げよう。次に要約を載せる（「 」内は原文のまま）。第一巻第一話「白蛇の夢」から、著者が子どものころの先生の体験談である。

先生の兄が建てた新居に泊まった夜、奇妙な夢を見た。夢の中で、白い蛇が部屋に入ってきて、先生に近寄ってくる。翌朝起きてその話をすると、家族全員が同じ夢を見ていた。建築業者に問いただすと、どうやら地鎮祭を怠ったのが原因のようで、お詫びをされた。業者によると、「土地の神様が怒ってはるんでしょう」とのこと。あらためて地鎮祭をすると、白蛇は出なくなった。他日、近所で火事があったとき、先生の家は類焼を免れた。先生いわく、「どうもこれは、あの白い蛇が守ってくれたような気がするんや……」[31]。

　この話は、従来の怪談とほとんど変わりがない。登場人物の建築業者や先生の台詞は推量形であるものの、聞き手／読み手の取りうる解釈は一つしかない（「土地の神様」である白蛇の祟りと加護）。省略法の一つに暗示的看過法という技法がある。言わない／書かないとしながらも、実際にはすべてを言って／書いてしまうという技法だ。志賀直哉「小僧の神様」（一九二〇年）の鮮やかなラストのような例である（さすがに「小説の神様」だけあって、少しひねった用い方をしている）。右の話で用いられたのはこれに近い。未成度が低い話である。

## 4　そして、いくつもの物語が生まれる

　続く第二話「仏壇の間」も取りうる解釈が一つしかなく、未成度は低い。第一話とは別の先生の体験談で、戦時中、どういうわけか家族全員が夜中に目覚め、仏間に集まっていると、さっきまで寝ていた部屋に焼夷弾が落ちたという内容。これはもう「ご先祖さまのご加護」以外の解釈はない。
　では、次の話はどうだろう。第三話「夜中の樵《きこり》」の要約である。

　著者の体験談。小学校四年生のころ、母方の里（兵庫県出石町、現・豊岡市）に遊びに行っていたとき、夜中に、遠くの山から「コォーン……コォーン……」と、樵が木を切る音がして目

が覚める。寝つかれないままにその音を聞いていた著者は、奇妙なことに気がつく。いまは午前三時。そんな真夜中に木を切る樵などいるだろうか。そう思っていると、その音は少しずつ近づいてきて、ついに家の庭先にいたる。怖くなって布団をかぶっているうちに朝が訪れて、不思議な音も鳴りやむ。朝食をとりながら、家族にその話をしても、「こんなところに樵なんかおらんよ」「今の樵は斧なんか持って行きゃせんよ。チェーンソーちゅうもっと便利なものがあるし、でもまぁここ数年来、樵が木を切るなんてことないよ」と言うばかりだった。(32)

話は「これが、私の最初の不思議体験である」という一文で締めくくられている。謎の音の正体も、どうしてその音が近づいてきたのかも、話のなかでは一切が究明されず、解釈もされないまま、唐突に終わる。聞き手・読み手に謎が放り出されていて、第一話、第二話と比べると、未成度が高い話だといえる。それでも、いくつかの解釈は可能である。

例えば、事故で亡くなった樵の霊が成仏できず、さまよっているとする解釈。幽霊譚にするなら、これが最も妥当な解釈だろう。あるいは、山中に響く怪音の伝承は各地にあるので、それと結び付ける解釈もありうる。四国の妖怪フルソマ(古杣)がそうであるし、天狗に正体を求めることも可能だ(天狗倒し)。狐狸狢に化かされたとする解釈もあるだろう。また、いわゆる合理的な解釈をすることもできる。例えば、庭の鹿威《ししおど》しの音に原因を求め、最初、遠くから聞こえたように感じたのは錯覚だとするような解釈である。どの解釈を採った場合でも、怪談としては成立している。(33)

第四話「笛の音」も怪音にまつわる話で、著者の母親の体験談だという。母親が子どものころ、夜中に寝床で本を読んでいたところ、「ひゅ〜う、ひゅ〜う」という笛のような音を聞いたという。話は「そこは、私が木を切り倒す音を聞いたのと同じ仏間だったのである」という一文で終わる。この話の未成度は、前の話（第三話）との関連で捉える必要がある。

第三話と第四話は同じ場所（仏間）が舞台で、音にまつわる怪という点が共通している。何か関連がありそうだが、それ以上は語られない。あとは読み手の解釈だけ。第三話だけなら先に挙げたような解釈ができるが、第四話と合わせるとどうなるだろう。それをあれこれ推察するのが実話怪談の聞き手／読み手の愉悦である。例えば、第三話の「コォーン……コォーン……」という音を、樵が木を切る音ではなく、鼓を打つ音だと解釈すれば第四話の笛の音とセットになり、同じ部屋で起こった音の怪異としての整合性が生まれる。鼓も笛も古《いにしえ》の貴人の楽器で、謡曲などで用いられる。そこに平家の落人伝説でも組み込めば、貴種流離譚の話型にのっとった怪談が一つ完成する。以上は私の勝手な解釈だが、こうして想像を膨らませることが実話怪談の愉しみ方なのだ。ただ、その際の解釈は話のなかにある言葉に手がかりがなければならない。これが実話怪談の聞かれ方／読まれ方のルールである。

実話怪談の怪談師は、そのルールを意識させる仕掛けを用意して、聞き手に提供する。手練れの実話怪談師が施す仕掛けは、口承文芸研究の新たなテーマに設定できるだろう。

ここで、「怪談師」について一言。「怪談師」という語は新しいが、民俗資料にもあることはある。次に紹介するのは、長野県の郷土史家・小林孤竹「旅芸人のいろいろ」の一節。伊那谷を訪れた「怪談師」について、こう記されている。

これも乞食ではない。「どうぞ一晩怪談をやらしてくれ」と頼む。じゃあ、農休みに怪談でも聞くかということになる。会費は皆でつないで出す。会所のない部落は室の大きい農家ということになり、口から口へと触れがまわる。こわいもの見たさ聞きたさで、若い娘や息子、おかみさんや御亭主と会場は忽ち一杯になる。（略）この外、独楽廻し・手品師・八卦見・六部・山伏などといったやからが、ひっきりなしに来たもので、木賃宿はどこも大入り満員で繁盛したもんだ。[34]

この怪談師は相当なショーマンで、おどろ髪のかつらや妖怪の面をかぶったり、人魂を模した青い焼酎の火を振り回しながら見物席を歩いたりしたという。視覚効果を狙った演出には、芝居のほかに映画の影響もあると思われる。会場が満席になったというから人気はあったようだが、実話怪談に慣れている私たちからすると、やや演出過剰な感じがする。ただ、この怪談師にもそれなりの由緒はあるのかもしれない。

延広真治『江戸落語』によると、怪談咄の祖とされる林家正蔵はずいぶん派手な仕掛けを用いて場を盛り上げていたようだ。[35] 以下、同書からの受け売りだが、『合鏡女風俗』（一八一六年）には「はやしや正蔵の大じかけのはなしがきゝたい」とあり、『壬寅雑綴』（一九二三年）には「元祖大道具大仕掛け　妖怪ばなし　林家正蔵」という看板が立てられていたという記事がある。

正蔵が用いた「大仕掛け」の詳細は不明だが、伊那谷の怪談師はその末裔だったろう。現代の怪談師でも、例えば稲川淳二はしばしば「大仕掛け」を効果的に用いるが、それはアマチュアの参加の難しさにもつながる。怪談師にもプロ・セミプロ・アマまで幅広い層があるが、実話怪談の今後を考えると、こうした大仕掛けの使用は諸刃の剣である。

## おわりに――民話と実話怪談

本章でふれなかった実話怪談の特徴がもう一つある。それは民俗学でおなじみの「聞き書き」という手法である。そこには当然、声の問題も絡んでくる。私が実話怪談を怪談研究だけでなく、口承文芸研究上で重要な位置にあると思うのは、まさにこの点である。

怪談師にして怪談文化研究者である吉田悠軌は、実話怪談の条件として、①体験者への取材（＝「あったること」として取材し）と、②余計な考察の排除（＝「あったるまま」に書く）の二点を挙げている。[36] この吉田の言葉は、松谷みよ子『現代民話考』の一節――「あの世の話・神かくし・生まれ変り等を集めるうちに私ははたと当惑した。話者にとってそれはまさしく、あったることであり」[37]を踏襲したものだろう。

松谷ら民話運動家は全国をフィールドワークをして民話を集めた。その点は、口承文芸研究者と同じである。しかし、口承文芸研究者が「民話」を「民間説話の略語」と理解しようとしたのに対して、松谷ら民話運動家は「民衆の話」の意味だと位置づける。「民衆」の対極にあるのは「為政者」、民話運動の「民話」には、民衆史観にもとづいた明確な思想がある。しかし、だからといって、採集した話の筋を改変するわけではない。ただ、話を自分たちの思想にもとづいて解釈するのだ。民話運動家である松谷は、現代社会のなかにも民話を発見していった。そのなかには学校の怪談など、のちに都市伝説と認識される話もあった。

民話運動家と実話怪談師は、話の収集方法や話に向き合う態度、話の公開方法など類似点が多い。かつての民話運動との関係がそうだったように、口承文芸研究者は、実話怪談に目を向けなければいけない時期がきているようだ。(38)

注

(1) 調べてみると、私が読んだのは、少年少女講談社文庫「名作と物語」シリーズ『怪談ほか』(小泉八雲ほか、保永貞夫ほか訳、司修絵、講談社、一九七二年)だった。岩波文庫版というのは『ディケンズ短篇集』(小池滋/石塚裕子訳、岩波書店、一九八六年)のこと。

(2) 佐藤春夫「女誡扇綺譚」の怪異については以下の拙稿を参照。日本統治時代の台湾が舞台で、登場人物が意図せずに死者の言葉を再現する場面がある。伊藤龍平「「台湾の妖怪たち」第三回 台湾の幽霊屋敷と恋物語」、「特集 恋と妖怪」「怪」第四十九号、角川書店、二〇一六年

(3) 「意味が分かると怖い話」というジャンル名からして、聞き手/読み手には、話のなかに謎があること、それに対する解釈を求められていることが示されている。怪談の本質をついたジャンル名といえる。なお、本章脱稿後に、次の論考が発表された。永島大輝「「意味が分かると怖い話」とは何か

――「似ている話」を探して、作って、読み換える、遊び」、怪異怪談研究会監修、一柳廣孝／大道晴香編著『怪異と遊ぶ』所収、青弓社、二〇二二年

（4）木原浩勝／中山市朗『新・耳・袋――あなたの隣の怖い話』の書名で一九九〇年に扶桑社から刊行された書籍が、一九九八年にメディアファクトリーから『新耳袋――現代百物語』の書名で復刊されてシリーズ化し、二〇〇二年に角川文庫に入れられた。

（5）東雅夫によると、執筆する前に、編者（木原浩勝・中山市朗）同士で話を語り合って臨場感をもたせたという。興味深い手法であり、実話怪談の口承性を考える鍵になる。なお、「怪談実話」という表現もあるが、ここでは広く人口に膾炙している「実話怪談」という呼称を用いることにした。

（6）「ほら話」は語り手自身の体験談として話されることが多く、この点が実話怪談と通じるし、また、「逸話」とも結び付きやすい。アメリカ開拓時代のトール・テールズ（ほら話）の英雄デイビー・クロケットや、ドイツの「ほら男爵」ことヒエロムニス・フォン・ミュンヒハウゼンらの名が思い浮かぶが、日本にもこの手の人物がいたことは、野村純一に考察がある。昔話では、『日本昔話大成』で、「笑話」の「誇張譚」として分類された話がそれにあたる。野村純一『日本の世間話』（東書選書）、東京書籍、一九九五年、ウォルター・ブレア『ほら話の中のアメリカ――愉快な英雄たちの痛快伝説でつづるアメリカの歴史』廣瀬典生訳、北星堂書店、二〇〇五年

（7）「まえがき」、前掲『新・耳・袋』所収

（8）「あとがき」、同書所収

（9）木原浩勝／中山市朗『新耳袋――現代百物語』第二夜、メディアファクトリー、一九九八年

（10）A・チボーデ『小説の読者』白井浩司訳（現代小説作法）、ダヴィッド社、一九五七年。このとき木原・中山が渉猟したのが一九七〇年代に刊行されたオカルト本だったことに留意したい。実話怪談

は一九七〇年代のオカルト文化に対する否定的な視線から生まれた。この点については、飯倉義之に指摘がある。飯倉義之「怪談の文法を求めて——怪談実話／実話怪談の民話的構造の分析」、一柳廣孝監修、飯倉義之編著『怪異を魅せる』（「怪異の時空」第二巻）所収、青弓社、二〇一六年

(11) 前掲「実話怪談にとって「怪異」とは誰か」

(12) 正確にいうと、自分たちが志向する怪談（のちに「実話怪談」として立ち上がってくる話群）に似た匂いを『耳囊』に嗅ぎ取ったということである。本家の『耳囊』が怪談集でないことは、著者自身も断っている。

(13) 念のために書いておくと、アマチュアリズム＝稚拙というわけではない。スポーツの世界でもそうだが、プロの技術を凌ぐアマもいる。また、ここでいうアマチュアリズムは、話を収集する際のスタンスのことであって、実話怪談の語り手／書き手がアマチュアという意味ではない。アマチュア精神を宿したプロたちの手によって、実話怪談文化は支えられている。「あとがき」、前掲『新・耳・袋』所収

(14) 前掲『新耳袋』第二夜

(15) 根岸鎮衛、長谷川強校注『耳囊』上（岩波文庫）、岩波書店、一九九一年

(16) 前掲『新耳袋』第二夜

(17) 偶然の記録という点から、柳田は江戸の紀行家・菅江真澄の著作群（「真澄遊覧記」〔一七八三—一八一二年〕と総称される）に価値を見いだした。柳田國男『菅江真澄』（創元選書）、創元社、一九四二年

(18) 岩井志麻子「こんな怪談を聞きたかったし読みたかったし書きたかった」、木原浩勝／中山市朗『新耳袋——現代百物語』第五夜所収、メディアファクトリー、二〇〇〇年

(19) 宮部みゆき責任編集『やっぱり宮部みゆきの怪談が大好き！』（別冊歴史読本）、新人物往来社、二〇一一年

(20) 高橋洋「解説」、木原浩勝／中山市朗『新耳袋――現代百物語』第三夜所収、メディアファクトリー、一九九八年

(21) 水藤新子「恐怖を喚起する表現とは――『新耳袋――現代百物語』を対象に」、表現学会編「表現研究」第八十二号、表現学会、二〇〇五年

(22) 前掲「怪談の文法を求めて」

(23) 吉田悠軌『一生忘れない怖い話の語り方――すぐ話せる「実話怪談」入門』ＫＡＤＯＫＡＷＡ、二〇二一年

(24) 結末部分が欠けている小説ジャンルに「リドルストーリー（謎の物語）」がある。読者に結末を予想させるというゲーム感覚は通じる面もあるが、リドルストーリーの場合、結末以外の部分はしっかり書き込まれているので、未成感が漂う実話怪談とは色合いを異にする。なお、リドルストーリーのアンソロジーに以下がある。紀田順一郎編『謎の物語』（ちくま文庫）、筑摩書房、二〇一二年

(25) 台湾・南台科技大学に勤めていたころ、指導を担当していた大学院生・謝佳静が学校の怪談をテーマに選び、台湾の小学校でアンケート調査を実施したことがあった。その際、アンケートに答えた台湾のある小学生が漫画『地獄先生ぬ～べ～』（原作：真倉翔、作画：岡野剛、集英社、一九九三―九九年）のあるエピソードのラスト（主人公による解決部分）を書かずに、「実話怪談」風に書いたことが思い出される。ただ、この生徒が意図的に後半の解決部分を省略して実話怪談めいた雰囲気を作ったのか、単に後半を忘れてそうなったのかは判別しがたい。前掲『現代台湾鬼譚』

(26) 前掲「恐怖を喚起する表現とは」

（27）ここでは、語り手が意図的に未成感を作り出していることを想定しているが、そうではなく、語り損ないによる偶然の空白が、結果的に実話怪談的な語り口になることもある。
（28）省略法は「陽否陰述（アポファシス）」ともいう。中村明は、以下の辞典で日本語の修辞法の省略法を十二種に分類し、さらに下位分類を設けて二十三種に細分化している。同辞典の分類には口語表現も含まれていて、口承文芸研究者にとっても示唆的である。中村明『日本語の文体・レトリック辞典』東京堂出版、二〇〇七年
（29）ここでいう「世間話」は学術用語で、口承文芸のジャンルの一つ。「同時代の話」の意味。重信幸彦の以下の論考に始まる一九九〇年代の世間話研究の潮流については、下記論考を参照。重信幸彦「「世間話」再考――方法としての「世間話」へ」、日本民俗学会編「日本民俗学」第百八十号、日本民俗学会、一九八九年
（30）原理的には本章で述べたような定義ではあるものの、「実話怪談」を冠した書籍のなかには、これに当てはまらないものも少なくない。東雅夫は『新耳袋』の「解説」で「本書の刊行を一契機として、実話怪談本のニューウェイブとも形容すべき一群の書物が九〇年代前半に相次ぎ登場したけれども、それらの多くは、ことさらに著者の主観に偏していたり、あるいは、不必要な潤色を加えたりして、怪談実話の本来の妙味をおのずから損なう体の代物であった」と述べている。東雅夫「解説」、木原浩勝／中山市朗『新耳袋――現代百物語』第一夜所収、メディアファクトリー、一九九八年
（31）前掲『新・耳・袋』
（32）同書
（33）例えば、動画「怪談図書館」第一回で、怪談プロデューサー桜井館長は、ある怪談で幽霊が発した「はなすな！」という言葉が「話すな」の意味なのか「放すな」の意味なのかで出演者と討論してい

る。また、同じ動画の別の怪談では、女性タレントが虫の羽音として表現した「ブーン、ブーン……」という擬音について、本当に虫だったのかと疑問を呈し、いくつかの解釈を導き出している。「怪談図書館 第1回目 埼玉樹海編」は、二〇一四年六月七日に「YouTube」にアップされた(https://www.youtube.com/watch?v=3sj5X-pCzog)［二〇二〇年六月二十一日アクセス］。

(34) 小林孤竹「旅芸人のいろいろ」「伊那」一九八九年一月号、伊那史学会。本章脱稿後、ここで取り上げた例について、一柳廣孝が以下の論考を発表している。怪談師研究の嚆矢になる論考になると思われる。一柳廣孝「怪談師の時代」、前掲『怪異と遊ぶ』所収

(35) 前掲『江戸落語』

(36) 前掲『一生忘れない怖い話の語り方』

(37) 松谷みよ子『現代民話考』立風書房、一九八五年

(38) この点については、飯倉義之による指摘がある。飯倉義之「怪談と口承文芸」、日本口承文芸学会編「口承文芸研究」第三十五号、白帝社、二〇一二年

## コラム8　「かさね」のその後

　松尾芭蕉『おくのほそ道』（一七〇二年）の「那須」の段に、こんなエピソードがある――芭蕉が土地の人に馬を借りて乗っていると、子どもが二人、後ろから走ってついてくる。一人は女の子で、「かさね」という名前だった。聞きなれない優しい名前なので、同行の河合曾良（芭蕉の弟子）が一句「かさねとは八重撫子《なでしこ》の名成べし」――微笑ましい光景である。『おくのほそ道』のなかで、人名が詠み込まれているのはこの句だけ、芭蕉の全紀行文のなかでも人名が詠み込まれた句は少ない。この少女も、思わぬところで文学史に名を残したことになる。

　初読のときに、おや？と思ったのは、「かさね」という名前について、芭蕉が「聞きなれない優しい名前なので（原文は「聞なれぬ名のやさしかりければ」）」と記していることだ。「累《かさね》」といえば怪談「累が淵」。「四谷怪談」のお岩、「皿屋敷」のお菊、「牡丹灯籠」のお露らと並ぶ幽霊界の有名人だ。名前を聞くだけで、おどろおどろしい因縁譚が思い浮かぶ。

　しかし、それはもう少しあとの時代のこと。『おくのほそ道』の旅は一六八九年、「累が淵」の累は、四七年に死んでいるが（諸説あり）、事件を記した『死霊解脱物語聞書』の刊行は九〇年だ。いわゆる「累もの」の娯楽作品が登場するのは、さらに半世紀ほどあとである。芭蕉がこの少女に会った時点では「かさね」という名前に不気味な印象をもつ者はいなかった。

　さて、学生時代、ある研究会で『おくのほそ道』の輪読をしていて、私が「那須」の段の担当になった。『おくのほそ道』を読む際に参照すべき基本資料は、『曾良旅日記』と『奥細道菅《すが》菰《こも》抄』（ともに江戸中期）である。『曾良旅日記』は芭蕉に随行していた曾良が遺したもので、第一級の資料である。一方、『奥細道菅菰抄』は、蓑笠庵梨一という人が書いた本で、『おくのほそ道』から七十年後の一七七八年に、芭蕉の足跡を追って自ら旅をしてあれこれと考証した、いわばフィールドワーク報告である。最初の『おくのほそ道』研究書ともされる。

　その『奥細道菅菰抄』には、先ほどの芭蕉と少女のエピソードについて、驚くべきことが書かれている。いわく――「按ずるに、世に云、祐天上人の化度有し、鬼怒川の与右衛門が妻、かさねと云しは、或は此小姫の成長したる後か」――要するに、芭蕉が会った「かさね」と、怪談「累が淵」の「累」が同一人物だというのだ。その根拠の一は時期が重なること、根拠の二は地域が重なること、である。ほかにも、いくつかの注釈書がこの説にふれている。

　もちろん、この説は誤り。『おくのほそ道』の旅のころ、「累が淵」の累はもう亡くなっていた。すでに江戸時代、山東京伝が『近世奇跡考』（江戸後期）でこの説を否定している。『奥細道菅菰抄』が書かれたころに「累もの」が流行していたから生まれた珍説だろう。とはいえ、面白い解釈である。芭蕉と少女の心温まる挿話が、急に不吉なものにみえてくるではないか。

# 初出・関連論文一覧

序　章　「前言：怪談の時代――「蛇のわけ」のわけ」「澁谷近世」第十七号、國學院大學近世文学会、二〇一一年

第1章　「開拓悲話「夜泣き梅女」説話の生成と展開」、現在学研究会編「現在学研究」第五号、現在学研究会、二〇二〇年

第2章　書き下ろし　一部、「幽霊に萌える、怪異で遊ぶ」（怪異怪談研究会監修、一柳廣孝／大道晴香編著『怪異と遊ぶ』所収、青弓社、二〇二二年）に拠った。

第3章　「逆立ちをする狐狸貉と、夜ごとの美女――「猥談」論の射程」、世間話研究会編「世間話研究」第二十八号、世間話研究会、二〇二一年

第4章　「「とろかし草」（「そば清」）と「蛇の分食」をめぐって――奇談としての昔話」、昔話伝説研究会編「昔話伝説研究」第三十二号、昔話伝説研究会、二〇一三年

第5章　「鄭清文「紅亀粿」の幽霊たち――童話と世間話」、世間話研究会編「世間話研究」第二十六号、世間話研究会、二〇一八年

第6章　「「きさらぎ駅」今昔――スマホサイズ化されるネットロア」、世間話研究会編「世間話研究」第二十七号、世間話研究会、二〇一九年

第7章　「アマビエ考――コロナ禍のなかの流行神」、日本口承文芸学会編「口承文芸研究」第四十四号、日本口承文芸学会、二〇二一年

第8章　「実話怪談の未成感と解釈について――「型」からの逸脱と「物語」の拒否」、現在学研究会編「現在学研究」第七号、現在学研究会、二〇二一年

# あとがき

二〇二一年、台湾の大学を辞めて帰国し、母校で教鞭を執ることになった。とはいえ、コロナ禍での新学期。さっそく、慣れないオンデマンド授業に四苦八苦である（前年度、台湾での感染は抑えられていて、遠隔授業は実施していなかった）。

授業では、毎回、リアクションペーパーの提出を課題にした。内容は、授業への質問・意見・事例紹介などが中心だが、時折、雑談を書く学生もいる。そうしたなか、ある女子学生が「通学バスのなかで伊藤先生を見かけました。いつも画面越しで見ていたので「本当にいるんだ！実在したんだ！」という謎の感動がありました」と書いていたのには笑った。ある男子学生は、学内で私を見かけ、「先生の実在をかみしめました」と書いていた。何だか幽霊にでもなった気分だ。

同僚たちともこの話題になったが、この感覚は遠隔授業でもライブ形式の場合にはあまり生じず、オンデマンド授業の受講者に広くみられるもののようだ。オンデマンド授業のパソコンやスマホの画面のなかの教員には、不思議と実在感がないようだ。

動画収録の際に私が気をつけていたのは、教員と学生の一対一の関係にならないようにすることだった。対面式の授業のように、教員と学生が一対多の関係（隣にクラスメートがいる感覚）のほうが学生にとって刺激になる。この一対多の感覚を醸し出そうと、動画ではリアクションペーパーのフィードバックに時間を割いた。手前味噌だが、授業時アンケートの結果をみるかぎり、その試みはそれなりに成功したようだった。

振り返ってみると、オンデマンド授業で私がやろうとしていたのは、人と人がつながる「教室」という場を作り出す試みだったと思う。

最近の怪談ブームをみていて、ときどき、人はなぜ怪談を好むのだろう？と思うことがある。また、怪談の面白さとは何だろう？と思うことも。この問いに対する答えの一つとして、怪談の「仕掛け」にからめとられたときの心地よさを挙げてみたい。怪談には、怪異という未知の世界が描かれる。話に誘われて未知なる世界をさまようときの陶酔感を話し手やほかの聞き手たちと共有できるのが、怪談の場である。

聞き手が怪談に夢中になるのは、話し手の仕掛けに捉われているときである。それが怪談会のような場であれば、複数の聞き手が一人の話し手の仕掛けに捉われていることになる。それは人と人とがつながっていることを意味する。怪談を通して話し手と聞き手はつながり、聞き手同士もつながる。その感覚は、怪談の場から生じるものである。

こう書いていて思い出すのは、稲川淳二の怪談ライブである。「稲川淳二の怪談ナイト」には何度か足を運んだが、その質の高さにはいつも感心させられる。稲川の怪談はテレビやＤＶＤ、インターネットなどでも聴けるが、やはり生で聴くのは違う。満員の観客席には、怪談を愉しもうという熱気があふれていて、怪談とは場によって成り立つものだとあらためて感じさせられる。とくに感心するのは、怪談と怪談のあいだに挟まれる稲川のトークで、ここで育まれた聴衆との一体感が、怪談の場を支える。この一体感は、子どものころ、祖母や伯父の家で、何とはなしに怪談の場が生まれたときの感じと似ている。不思議な懐かしさ。稲川の怪談イベントが人気を呼ぶのも、そうした背景があるのだろう。

本書は、かねてから関心を寄せていた「仕掛けがある話」(序章「怪談とは何か」を参照)についてまとめたものである。各章の執筆時期が近いのは、台湾の大学に勤めていた折、二〇二〇年のコロナ禍で夏の帰国ができず、時間が空いたからだ。今回は怪談を軸にしたが、今後は笑い話や悲話など、別の仕掛けがある話についても考えてみたい。なかでも、本書でふれなかった美談が、目下の私の関心事である。

美談と怪談といえば、こんな話を見つけたので紹介する。「婦人公論」一九二八年十二月号(中央公論社)に載った「幽霊と怪談の座談会」で話された話である。話し手は画家の小村雪岱で、知人の笹島という画家の体験談とのことである。漢字は新字体に、仮名は現代仮名遣いに改めた。

この笹島氏が、故郷の月山の麓に住んでいた頃、そうですね、それは日露戦争直後のある夏の夜、沢山の人が野原に出て、空を仰いでいるのを見かけたので、何があるのかしらと、そこへ行って空を仰いで見たら、空中に沢山の人が浮んで、盆踊りをしているのが見えたそうです。その人達はみんな、日露戦争に出征して、戦死した人ばかりだったそうです。地上から仰ぎ見ていた人々は、「あそこに、家の息子が踊っている」とか、「家の息子はあそこにいる」とか、口々に騒ぎながら、中にはぽろぽろ涙を流して、泣いているものもあったそうです。

座談会に出席した柳田國男はこの話を受け、「美しいですね。なるほど絵になりそうですね」と感想を述べている。この座談会は一九二八年に催された。日露戦争から二十三年の歳月が流れ、国際情勢の先行きは不透明ながらも、日本が束の間の平和のなかにあったころである。出征兵士の死という美談化されがちな話柄が、雑誌企画の座談会で怪談として話されている点に留意したい。美談をさほど必要としない戦間期なればこそ怪談たりえた話である。

怪談は、ある程度、心の余裕がなければ愉しめない。戦争、疫病、災害、飢餓などによる死が身近ではなかった時代、階層、立場の人々だけが、怪談を娯楽として愉しめる。日々、死と隣り合わせに生きている人、親しい者が死の影に怯えている人が怪談を愉しめるわけがない。日本の怪談文化が、江戸時代の都市部で花開いたのは偶然ではなかった。怪談の隆盛は、世の中の安定度を測るバロメーターの一つになる。

例えば、江戸怪談集『宿直草《とのいぐさ》』（荻田安静、一六七七年）の第一話は次のように始まる――「古人、燭をとりて、日を継ぐに夜を以てす。何とてお眠り候や。籠耳に聞きはつりし咄、お茶受けひとつ申さふか」――「籠耳」は「聞いた話をすぐに忘れてしまうこと」。「お茶受け」（お茶請け）は茶席で振る舞われる菓子の意味だが、ここでは怪談そのものを指すとも取れる。いつの時代も、怪談はつれづれの夜の手慰みであり、座興だった。

この一文は、夜中に安眠ができ、朝が来れば日常を取り戻せる、平和な時代の人の言葉である。

『宿直草』が刊行されたのは元禄時代の少し前、関ヶ原の合戦から数えて七十七年目である。『宿直草』の巻末には「この草子、われ七、八歳より五十有余の今、四十五年の間、見聞せしを書ならぶれば」という一節もある。怪談に限らず、趣味を愉しめる平凡な人生の尊さを、人はともすれば忘れがちである。

それを思えば、コロナ禍に引き続き、世界情勢の不安定ななかでも、こうした本が出せたことに感謝しなければならない。当たり前の平穏な日常があってこその怪談文化、である。

著者、記す

二〇二二年五月十五日　横浜市内の寓居にて

[著者略歴]
伊藤龍平（いとう りょうへい）
1972年、北海道生まれ
國學院大學文学部教授
専攻は伝承文学
著書に『江戸の俳諧説話』（翰林書房）、『ツチノコの民俗学——妖怪から未確認動物へ』『江戸幻獣博物誌——妖怪と未確認動物のはざまで』『ネットロア——ウェブ時代の「ハナシ」の伝承』『何かが後をついてくる——妖怪と身体感覚』（いずれも青弓社）、『怪談おくのほそ道——現代語訳『芭蕉翁行脚怪談袋』』（国書刊行会）、『ヌシ——神か妖怪か』（笠間書院）、共著に『現代台湾鬼譚——海を渡った「学校の怪談」』（青弓社）、『恋する赤い糸——日本と台湾の縁結び信仰』（三弥井書店）、編著に『福島県田村郡都路村説話集』（私家版）、共訳に尉天驄『棗と石榴』（国書刊行会）など

# 怪談《かいだん》の仕掛《しか》け

発行——2023年6月20日　第1刷
定価——2000円＋税
著者——伊藤龍平
発行者——矢野未知生
発行所——株式会社青弓社
〒162-0801 東京都新宿区山吹町337
電話 03-3268-0381（代）
http://www.seikyusha.co.jp
印刷所——三松堂
製本所——三松堂

ISBN978-4-7872-9274-2　C0095